W0341552

O.W. BARTH

Maren Schneider

Achtsamkeit
für Einsteiger

O.W. BARTH

Besuchen Sie uns im Internet:
www.ow-barth.de

MIX
Papier aus verantwortungsvollen Quellen
FSC
www.fsc.org
FSC® C083411

Das vorliegende Buch ist eine stark gekürzte und bearbeitete Fassung des 2009 im Knaur Verlag erschienenen Werkes von Maren Schneider, *Der Weg der Achtsamkeit*.

© 2016 O. W. Barth Verlag
Ein Imprint der Verlagsgruppe Droemer Knaur GmbH & Co. KG, München
Alle Rechte vorbehalten. Das Werk darf – auch teilweise – nur mit Genehmigung des Verlags wiedergegeben werden.
Umschlaggestaltung: ZERO Werbeagentur GmbH
Umschlagabbildung: Getty Images/jammydesign
Abbildungen innen: Getty Images/jammydesign; Maren Schneider
Satz: Adobe InDesign im Verlag
Druck und Bindung: GGP Media GmbH, Pößneck
ISBN 978-3-426-29261-7

2 4 5 3 1

Inhalt

Was ist Achtsamkeit?

Wenn ich als kleines Kind mein Zimmer nicht mehr leiden konnte, legte ich mich einfach rücklings auf mein Bett und ließ meinen Kopf nach unten baumeln. Mein Zimmer stand Kopf, und auf einmal sah alles ganz anders aus. Ich erkannte die Symmetrie der Möbel, entdeckte Dinge, die ich von oben nicht sehen konnte, und plötzlich war ich mit meinem Zimmer wieder ganz zufrieden. Es gab eben mehr als nur eine Perspektive. Warum erzähle ich das? Nun, mit der Achtsamkeit verhält es sich ähnlich. Achtsamkeit beleuchtet die Dinge aus mehr als nur (m)einer Perspektive. Sie lässt unser Leben reicher und bunter werden, lässt uns teilhaben an dem, was wirklich ist, ohne es zu werten oder ihm etwas hinzuzufügen. Sie lässt uns das Leben schmecken in allen Nuancen, lässt uns intensiv fühlen, riechen und sehen. Sie lässt uns in einen sehr unmittelbaren Kontakt mit den Dingen treten, wie sie sind – mit den Menschen in unserer Umgebung, mit unserer Umwelt, aber auch mit uns selbst, mit dem, was uns in unserem Inneren wirklich bewegt, ohne dass wir uns wie gewöhnlich davor verschließen, uns betäuben oder gar davor weglaufen.

Achtsamkeit bedeutet, so aufmerksam und so bewusst wie möglich den gegenwärtigen Moment, das JETZT, wahrzunehmen und in ihm zu verweilen, mit einer wertneutralen, offenen und annehmenden Haltung gegenüber allem, was von Moment zu Moment passiert. Es ist eine sehr friedfertige Herangehensweise. Bedenken wir, wie oft uns der gegenwärtige Augenblick nicht gefällt, wie wir rebellieren und die Dinge und uns selbst anders haben wollen, als sie gerade sind. Wie viel Stress und auch Streit dadurch entstehen! Achtsam zu sein bedeutet nicht, keine eigene Meinung mehr zu haben oder zu allem Ja und Amen zu sagen. Ganz im Gegenteil. Es bedeutet, Verantwortung für das eigene Leben zu übernehmen. Achtsamkeit hilft, unser Leben heilsamer zu gestalten, Wege zu finden, achtsamer mit unseren Ressourcen umzugehen, authentischer zu kommunizieren, uns und andere besser zu verstehen und Lösungen zu finden, die uns alle wirklich weiterbringen und fördern.

Achtsamkeit ist sehr universell einsetzbar. Allerdings reicht es nicht, nur Bücher darüber zu lesen. Sie lebt vom Selber-(Er-)leben, Üben und Ausprobieren. Aus diesem Grund werden Sie im Laufe dieses Buches neben etwas Theorie auch praktische Übungen, wie die klassische Atem-Meditation, den Body-Scan, die Geh-Meditation und den Atem-Raum kennenlernen, die Sie größtenteils auch auf der beiliegenden Übungs-CD finden, sowie auch die »Acht Prinzipien der Achtsamkeit«, mit denen Sie Ihren Alltag bewusster leben können. Außerdem gehe ich kurz auf die häufigsten Schwierigkeiten bei der Meditation ein und wie sie mit Ihnen konstruktiv umgehen können. Ergänzend beleuchte ich noch ein paar exemplarische Bereiche unseres Lebens und was es bedeuten kann, diese mit Achtsamkeit zu erleben, so dass Sie einerseits eine kleine Auswahl an praktischen Übungen zum Ausprobieren haben und andererseits ein wenig Inspiration mitnehmen können, wie Achtsamkeit im Alltag gelebt werden kann.

Beginnen wir mit ein wenig Theorie.

Die fünf geistigen Verweilzustände

Wenn Achtsamkeit bedeutet, präsent im gegenwärtigen Moment mit all unserer Aufmerksamkeit zu verweilen, wo befinden wir uns mit unserer Aufmerksamkeit, wenn wir während unseres Tagesbewusstseins nicht im Hier und Jetzt sind? Um hier ein wenig Klarheit zu bekommen, möchte ich Sie zu einem kleinen Mitmach-Schaubild einladen, das ich gerne bei mir im Unterricht mit meinen Teilnehmern mache. Sie brauchen dafür eine Uhr, das kann ruhig Ihr Wecker oder Ihre Armbanduhr sein, und vier Karten. Auf die erste Karte schreiben Sie »Vergangenheit«, auf die zweite »Zukunft« auf die dritte »Drama« und auf die vierte »Ignoranz«.

Legen Sie die Uhr vor sich hin. Sie können auf ihr immer die aktuelle Zeit ablesen. Dies soll unser Symbol für den gegenwärtigen Moment sein. Dieser Moment ist vergänglich, so wie der Sekundenzeiger Sekunde für Sekunde das Verstreichen der Zeit anzeigt. Nun positionieren Sie die erste Karte von sich aus gesehen vor der Uhr, die zweite Karte hinter die Uhr, die dritte Karte rechts neben die Uhr und die vierte Karte links neben die Uhr. Nun sollte es ungefähr so aussehen:

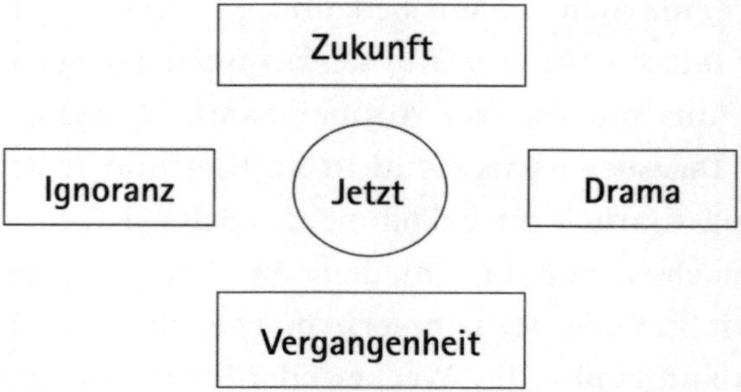

Jetzt, Zukunft, Vergangenheit, Ignoranz und Drama sind unsere geistigen Verweilzustände, zwischen denen wir dauernd pendeln. Wir schwelgen in Phantasien über unser zukünftiges Leben, überlegen was es zum Abendessen geben soll (Zukunft), ein Blick in den Kühlschrank (Jetzt) lässt uns erkennen, dass wir gleich (Zukunft)

noch einkaufen gehen müssen, denken dann über ein unglücklich gelaufenes Gespräch von gestern nach (Vergangenheit), finden es »ganz furchtbar« (Drama) wie sich unser Gesprächspartner benommen hat (Vergangenheit) und spielen die Situation dann zum Ausgleich runter (»so schlimm war's ja vielleicht doch nicht« - Ignoranz), damit wir uns wieder beruhigen.

Jeder dieser Verweilzustände hat besondere Merkmale, an denen wir erkennen können, in welchem dieser Verweilzustände wir gerade sind:

- Das Jetzt ist dadurch gekennzeichnet, dass Sie hier konkret sehen, riechen, hören, tasten und schmecken können. Das Jetzt ist immer sinnlich über den Körper wahrnehmbar.
- Die Zukunft spielt sich lediglich in unserem Kopf ab und ist gekennzeichnet durch vorgestellte Bilder, imaginär geführte Dialoge (oder auch Monologe), Listen, Pläne, Befürchtungen und Träume. All dies ist nur vorgestellt und nicht konkret sinnlich wahrnehmbar.
- Mit der Vergangenheit verhält es sich ähnlich. Wir erinnern uns an etwas Gewesenes. Auch hier tauchen Bilder vor unserem geistigen

Auge auf, wir hören mit unserem inneren Ohr die Worte, Geräusche, Lieder, obwohl gerade nichts davon tatsächlich wahrnehmbar ist. Trotzdem erscheint uns die Erinnerung bisweilen als sehr plastisch, sehr real, obwohl sie nur in unserem Kopf ist.

Zum Jetzt, zur Zukunft und zur Vergangenheit gesellen sich noch Verzerrungen hinzu:

- das Drama, indem alles was ist, was war und möglicherweise geschieht überspitzt wird, positiv wie negativ – also alles ist/war »ganz furchtbar« oder »ganz großartig«.
- Die Ignoranz wiegelt alles, was gerade geschieht, geschehen ist oder noch geschehen wird ab, spielt es herunter oder blendet es einfach aus. »Ach, so schlimm ist/war/wird es doch gar nicht!«, »Ich kann mich nicht erinnern«, »Nö, ich hab kein Problem«.

Alle diese Verweilzustände gehören ganz natürlich zu unserer geistigen Aktivität, und es läuft überhaupt nichts schief, wenn wir uns in diesen Zuständen immer mal wieder befinden. Ganz im Gegenteil:

Sie sind hilfreich, damit wir aus der Vergangenheit für die Zukunft lernen, unser Leben bis zu einem gewissen Grad optimieren, planen und strukturieren oder extrem Belastendes für eine gewisse Zeit runterspielen oder ausblenden, damit wir weiterleben können. Problematisch wird es für uns erst dann, wenn wir in diesen Zuständen gefangen sind und wir nicht mehr ins Hier und Jetzt zurückfinden, wie beispielsweise bei chronifizierten Stresszuständen.

Achtsamkeit bedeutet ohne Über- oder Untertreibung mit allen Sinnen im gegenwärtigen Moment anwesend zu sein, also im »Jetzt« unsere Aufmerksamkeit zu bündeln – weder in die Zukunft, noch in die Vergangenheit abzuschweifen, weder zu dramatisieren noch zu ignorieren. Bevor jetzt bei Ihnen alleine dadurch schon Stress entsteht: Das kriegt kaum einer hin. Wir werden immer mal hin und her pendeln zwischen den Zuständen und der eine Zustand ist Ihnen wahrscheinlich mehr vertraut und der andere weniger.

Da das Hier und Jetzt der einzige Moment ist, der wirklich sinnlich wahrnehmbar ist und die Sinne Teil unserer Körperlichkeit sind, nutzen wir im Achtsamkeitstraining unseren Körper als Werkzeug, um uns mit dem gegenwärtigen Moment zu verbinden. Sie sind sofort mit dem Jetzt wieder verbunden in dem Moment, wenn Sie bewusst beispielsweise den Geschmack des Zitroneneises auf Ihrer Zunge schmecken, das sie gerade verzehren, den Luftstrom Ihres Atems an der Nase fühlen oder die Wärme der Sonne auf Ihrer Haut und Ihre Aufmerksamkeit darin bündeln. Dabei ist es ein großer Unterschied, ob Sie sich tatsächlich mit Ihrer Wahrnehmung verbinden oder nur daran denken, wie es sich anfühlen könnte. Manche denken an ihren Atem, doch fühlen ihn nicht. Auf diese Weise sind Sie lediglich in der Imagination, doch nicht im realen wahrnehmbaren Moment. Verbinden Sie sich jedoch mit den körperlich spürbaren Empfindungen Ihres Atems, haben Sie sofortigen Kontakt zum Jetzt.

Manche haben im Laufe der Zeit das Gespür für ihren Körper und seine Empfindungen verloren, aus welchen Gründen auch immer. Durch die Achtsamkeitsübungen entdecken wir unseren Körper und seine Empfindungen neu. Für das bewusste Wahrnehmen der Gegenwart, brauchen wir geistige Sammlungsfähigkeit. Unser mediengeprägter Alltag mit seinen schnell wechselnden Anforderungen wirkt sich zerfasernd auf unsere Sammlungsfähigkeit aus. Das Training der Achtsamkeit beinhaltet Übungen, wie die Atem-Meditation, den Body-Scan oder die Geh-Meditation, die unsere Sammlungsfähigkeit und unsere Verbindung zum Körper stärken, sowie Alltags-Übungen, mit denen wir lernen, uns im gegenwärtigen Moment zu zentrieren.

Es geht im Achtsamkeits-Training um Ihr alltägliches Leben und nicht darum, ein Super-Meditierer zu werden. Die Übungen sind dazu da, Ihren Geist dahin gehend fit zu machen, dass Sie selbst erkennen können, in welchem Verweilzustand Sie sich befinden. Sie lernen, sich bewusst darin auszurichten, wo Sie sein möchten, damit Sie Ihr Leben bewusst und selbstbestimmt und damit heilsam leben können.

Im Folgenden möchte ich Ihnen acht Prinzipien vorstellen, mit denen Sie Ihren Alltag achtsam leben können. Wenn Sie sich an diese Prinzipien immer mal wieder während Ihres Tages erinnern und so, wie es Ihnen gerade möglich ist, versuchen, sie zu beherzigen und anzuwenden, werden Sie mit der Zeit Ihre Fähigkeiten stärken, in jeder Situation präsent und achtsam zu bleiben.

[Kleiner Tipp: *Schreiben Sie die jeweiligen Punkte mit den für Sie wichtigsten Schlüsselsätzen auf ein Blatt Papier und heften Sie es gut erkennbar an Ihre Kühlschranktür, über Ihren Arbeitsplatz oder wo auch immer Sie es gut sehen können. So werden Sie zwischendurch wieder daran erinnert, Ihre achtsame Haltung im Alltag aufrechtzuerhalten.]*

Die acht Prinzipien der Achtsamkeit

1. Wertneutralität

Klassifikation oder Bewertung wie »gut/schlecht«, »schön/hässlich«, »Freund/Feind« entspringt unserem Bedürfnis nach Sicherheit. Bewerten wir, wissen wir, woran wir sind und meinen, wir hätten Klarheit bezüglich der Person oder Gegebenheit. Doch tatsächlich schneiden wir uns von der Wirklichkeit und dem vorhandenen Potenzial ab. Wir lassen uns von unseren unbewussten und meist reichlich impulsiv getroffenen Bewertungen leiten, halten sie für die Realität und fällen daraufhin nicht selten unstimmige Entscheidungen.

Sich in Achtsamkeit zu üben bedeutet, immer wieder eine wertneutrale Haltung einzunehmen und damit der Realität näher zu kommen. Natürlich werden Bewertungen in unserem Geist auftauchen, das ist ganz normal. Zu Anfang geht es erst einmal nur darum, sie überhaupt wahrzunehmen. Dadurch bekommen wir die Möglichkeit, aus dem Bewerten auszusteigen, wieder eine neutrale Beobachterposition einzunehmen und, statt blind zu reagieren, bewusst zu agieren. Und das ist ein entscheidender Unterschied. Erst wenn wir wahrnehmen, dass wir einen Menschen oder eine Situation in eine Schublade stecken, können wir die Schublade wieder öffnen und der alten Gewohnheit widerstehen, uns von unseren Bewertungen leiten zu lassen. Mit diesem Gewahrsein und der Entscheidung zur Offenheit haben wir die Chance, der Wirklichkeit näher zu kommen. Entscheidungen fällen wir dann auf Basis dieser Offenheit und größtmöglicher Objektivität, statt aus Angst, schlechter Erfahrung, Druck oder gesellschaftlichen Konventionen. Wir werden autonom und unabhängig, nicht nur von anderen, sondern auch von unseren diffusen Gedanken, Bewertungen und Gefühlen.

2. Geduld

Sie haben bestimmt selbst schon einmal erlebt, dass sich manche Dinge einfach unserem Willen entziehen, trotz größter Anstrengung. Dennoch versuchen wir, sie irgendwie unter unsere Kontrolle zu bringen. Doch es klappt nicht, und wir raufen uns die Haare, fluchen oder ziehen uns erschöpft zurück. Es fühlt sich an, als würden wir dauernd vor eine Wand laufen. Geduld ist ein Energiesparmodus – einfach dadurch, dass wir die Zeit und auch den Raum, den Menschen, Dinge, Projekte und auch wir selbst brauchen, anerkennen, wahren und respektieren, so dass sich die Dinge in ihrer je eigenen Zeit entwickeln können. Wahre Geduld macht sich durch ein Gefühl der Entspannung bemerkbar und ist ein vollkommen unmanipulativer Zustand. Geduld bedeutet, den Dingen die Zeit zu geben, die sie wirklich benötigen. Es ist eine Art tiefes, inneres Wissen um die eigene Zeit der Dinge. Zu wissen, dass das Gras einfach nicht schneller wächst, auch wenn wir daran ziehen.

Es liegt an uns, wie wir mit Situationen umgehen. Nehmen wir beispielsweise etwas ganz Alltägliches: Sie stecken im Stau fest. Sie haben jetzt zwei Möglichkeiten: 1. sich aufregen – davon geht der Stau auch nicht weg – oder 2. sich entspannen. So oder so werden Sie später als erwartet am Zielort eintreffen. Sie können zwar nicht die Dauer des Staus beeinflussen, sehr wohl aber Ihre eigene Gemüts- und Energieverfassung. Angewandte Achtsamkeit würde hier bedeuten, der Wahrheit ins Gesicht zu sehen: Sie haben keinen Helikopter, und es dauert so lange, wie es eben dauert. Entscheiden Sie sich, wie Sie die Zeit nutzen wollen: in Aufregung und Anspannung oder in Geduld und Entspannung. Was erscheint Ihnen sinnvoller? Entscheiden Sie sich, die Zeit mit dem Energiesparmodus Geduld und Entspannung zu nutzen, dann lehnen Sie sich zurück, betrachten Ihre Umgebung, beginnen ganz bewusst Ihrem Atem zu folgen, hören Musik oder lauschen einem schönen Hörbuch und kommen zwar spät, aber dafür entspannt und einsatzbereit am Zielort an, anstatt wie sonst üblich aggressiv, fertig und genervt.

3. Anfängergeist

Wie oft schneiden wir uns von der Wirklichkeit, von dem unmittelbaren Geschehen ab, indem wir Dinge nur noch automatisch tun. Vielleicht sind wir Profis auf unserem Gebiet, machen die gleichen Arbeitsabläufe schon seit Jahrzehnten, gehen immer den gleichen Weg zum Supermarkt, zum Bäcker, zum Kindergarten oder zu unserer Arbeitsstelle – schalten auf Autopilot. Wenn unterwegs nicht gerade große bauliche Veränderungen passieren, nehmen wir den Weg gar nicht mehr richtig wahr. Erst wenn eine Lücke in der Häuserreihe klafft, fragen wir uns, was hier wohl gestanden hat. Vielleicht haben Sie auch schon einmal die Erfahrung gemacht, dass Sie mit dem Auto irgendwohin gefahren sind und sich bei der Ankunft gefragt haben, wie sie es bis dahin geschafft haben. Sie haben vom ganzen Weg nichts mitbekommen und hoffen, dass Sie nicht versehentlich über eine rote Ampel gefahren sind. Achtsamkeit fordert uns auf, genauer hinzuschauen, gerade bei den Dingen, die wir immer und immer wieder gleich machen oder schon seit Jahren kennen. Es ist der Blick eines Neugierigen, eines Forschers – oder eines Kindes.

Vielleicht kennen Sie dieses Gefühl, dass die Dinge um Sie herum grau werden, so als würden Sie alles durch eine Milchglasscheibe wahrnehmen, und Sie erleben ein Gefühl des Abgeschnittenseins, der Distanz zu Ihrer Umwelt.

Die Anfängergeist-Betrachtungsweise bringt wieder Farbe, Freude und kleine Wunder in unseren Alltag und schützt uns ganz praktisch davor, versehentlich über rote Ampeln zu fahren oder durch Unaufmerksamkeit Fehler in alteingefahrenen Arbeitsprozessen zu machen. Sie hilft uns, mit der Unmittelbarkeit der Wirklichkeit in Kontakt zu treten, lässt die Milchglasscheibe weichen und uns mit allen Sinnen wach und aufmerksam dabei sein. Ein forschender Geist schützt uns vor Voreingenommenheit und Bewertungen. So bewahren wir unsere Offenheit auch in schwierigen Momenten. Wir beginnen zu erkennen und zu erforschen, wie die Dinge miteinander zusammenhängen und sich entwickeln, und entdecken deren Reichtum. Jede Situation ist neu. Sie wird jeden Moment neu geboren, denn nichts auf dieser Welt wiederholt sich. Neugier und Forschergeist wecken uns aus unserem Halbschlaf auf, in dem wir normalerweise durch unser Leben wandeln, und bringen uns wieder in unmittelbaren Kontakt mit dem, was wirklich da ist, unser Augenblick, unser Leben – JETZT.

4. Vertrauen

Vertrauen kommt von »vertraut machen«. In der Praxis der Achtsamkeit bedeutet das, sich erst einmal damit vertraut zu machen, wie wir gewöhnlich funktionieren und reagieren und wie unser Organismus mit uns kommuniziert. Ob Wohlgefühl, Entspannung, Ärger, Schmerz oder Verspannung, alle diese Signale geben uns Aufschluss darüber, wie wir in Resonanz mit den Geschehnissen unseres Lebens gehen. Sie geben uns Informationen über unser Befinden und unsere Bedürfnisse. Wenn wir diese Signale in angemessener Weise wahrnehmen (statt sie zu problematisieren), können wir stimmig handeln. Angemessen bedeutet, sie weder runterzuspielen noch zu dramatisieren, sondern ihnen mit einer schlicht erkennenden Aufmerksamkeit zu begegnen, als würden Sie Ihren Blick kurz über den Organismus schweifen lassen – schlicht wahrnehmend, bewusst registrierend und wertneutral. Wir lernen einen Zusammenhang zwischen den Geschehnissen und unserem Befinden, unseren Gedanken sowie unseren darauf folgenden emotionalen Reaktionen herzustellen. Verspannungen, Unwohlsein und Schmerzen fallen für uns dann nicht mehr einfach so vom Himmel, sondern können als hilfreiche Signale dafür erkannt werden, dass etwas aus dem Gleichgewicht gekommen ist. Vertrauen beinhaltet, diesen Signalen eine Daseinsberechtigung zuzugestehen, anstatt sie zu verdrängen oder ihre Richtigkeit in Frage zu stellen. Dieses Zweifeln an der Richtigkeit der Signale wäre so, als würden Sie die Tankanzeige Ihres Autos anzweifeln. Im Gegensatz zu Autos besitzen wir keine Tankanzeigen. Unsere Tankanzeige sind die Signale unseres Organismus. Erst durch das Vertrauen in die Richtigkeit der Signale unseres Körpers und unseres Gemüts, können frühzeitig heilsame und förderliche Maßnahmen ergriffen werden, so dass es beispielsweise gar nicht erst zu Zusammenbrüchen, Streit oder sonstigem Stress kommt.

5. Nichtidentifikation

Nichtidentifikation oder Nicht-Greifen bedeuten, Gedanken, Situationen oder Gegebenheiten ziehen zu lassen, ohne auf sie einzusteigen oder sie festzuhalten. Dabei nehmen wir innerlich die Position des wertneutralen Beobachters ein, der den Geschehnissen einfach nur zuschaut, ohne sich mit ihnen zu identifizieren oder aktiv einzugreifen, in dem Wissen, dass die Geschehnisse vergängliche Phänomene sind.

Ich vergleiche das gerne mit einem Mann, der an einem Fluss gemütlich in der Sonne sitzt. Es ist ein schöner Tag, und auf dem Fluss fahren viele Schiffe. Wie der Mann so auf das Wasser schaut, fährt ein Segelboot an ihm vorbei. Verträumt betrachtet er das Boot. Ihm fällt ein, dass er schon lange keinen Urlaub mehr hatte und dass eine Segelreise schon immer sein Traum war. »Ach, wär das schön, so ein Segelboot zu besitzen, dann könnte ich über die Meere fahren, vielleicht sogar bis zu den Malediven. Dort könnte ich tauchen gehen. Oh, die wunderschönen, bunten Fische, der weiße Strand. Doch dafür brauche ich Geld, viel Geld und einen Segelschein und einen Tauchschein und eine Freundin, die solche Sachen mitmachen würde. Ach Frauen! Wäre ich reich, ich würde jede kriegen. Die werden sich noch umgucken, wenn ich mit meinem Porsche zum nächsten Yachthafen fahre und ...« – Dass er immer noch auf der Bank in der Sonne am Fluss sitzt, ist ihm gar nicht mehr bewusst. Wie würde es im Vergleich dazu jemandem gehen, der Achtsamkeit praktiziert? Eine Frau kommt und setzt sich auch auf eine Bank. Die Sonne scheint, es ist ein wunderbarer Tag. Sie spürt, wie die Wärme der Sonne auf ihrer Haut prickelt, spürt, dass der Schatten im Rücken noch etwas kühl ist. Es sind Schiffe auf dem Fluss. Ein Segelboot fährt vorbei. Sie sieht es. Das Boot verschwindet aus ihrem Gesichtsfeld, sie sitzt auf der Bank. Sie ist sich dessen in diesem Moment vollkommen bewusst, spürt das Holz der Bank unter ihren Fingern, die leichte Brise des Frühlings in ihrem Haar ...

6. Akzeptanz

Akzeptanz bedeutet wirklich da zu sein, mit dem was ist, ohne es zu manipulieren, abzulehnen oder anders haben zu wollen. Es ist eine absolut bewusste Entscheidung, die Dinge bedingungslos anzuerkennen, so wie sie sind, und der Wirklichkeit ins Gesicht zu sehen. Nur wenn wir sehen, was los ist, wo wir stehen, nur dann können wir sehen, welche Schritte wir zu gehen haben.

Einfaches Beispiel: Wenn ich eine Erkältung habe und dies negiere, kann mir niemand helfen, auch ich mir selbst nicht. Akzeptiere ich hingegen, dass ich mich erkältet habe, erkenne ich die Situation an wie sie ist und kann entsprechende Maßnahmen ergreifen, zum Beispiel zum Arzt gehen oder mich ins Bett legen und ausruhen.

Akzeptanz ist nicht gleichzusetzen mit Hinnahme, mit der sie oft verwechselt wird. Akzeptanz ist keine passive Opferhaltung. Stattdessen übernimmt man bewusst und undramatisch Verantwortung für seinen eigenen Teil.

7. Loslassen

Loslassen bedeutet nichts anderes, als Raum zu geben für alles, was geschieht, kommt und geht. Raum für Bewegung und Entfaltung. Damit tritt gleichzeitig auch Entspannung ein. Eine kleine Übung mag das verdeutlichen: Nehmen Sie etwas in die Hand, was Sie gut greifen können, umschließen Sie es mit der Hand und halten Sie es ganz fest. Merken Sie es? Es gibt nun gar keinen Raum mehr in Ihrer Hand. Der Gegenstand ist vollkommen fixiert. Spüren Sie auch, dass es mit der Zeit ganz schön kraftaufwendig ist, ihn so festzuhalten? Drehen Sie nun die Hand so, dass Ihr Handteller nach oben zeigt, wenn Sie die Hand öffnen. Öffnen Sie nun die Hand. Spüren Sie, wie sich Ihre Muskeln entspannen können? Das Objekt liegt nun auf Ihrem Handteller, es bewegt sich vielleicht, denn es ist jetzt mehr Platz da. Etwas anderes kann dazukommen. Ihr Handteller kann auch wieder leer werden und anschließend neuen Dingen Platz geben. Es kann Bewegung entstehen.

Manchmal merken wir nicht, wie wir uns in Dinge regelrecht verbeißen, wenn Situationen eng werden. Achtsamkeit kann uns hier sehr helfen. Denn nur wenn wir merken, dass wir festhalten, können wir uns aktiv dafür entscheiden loszulassen. Wenn wir beispielsweise merken, dass wir uns in einen unlösbaren Disput verstrickt haben, sich die Kommunikation nur noch im Kreis dreht, können wir mehr Raum geben, in dem wir vielleicht um eine Pause bitten oder den Raum verlassen (nach einer entsprechenden Ansage). Wenn ich beim Schreiben nicht weiterkomme oder mir Ideen fehlen, gehe ich spazieren oder schaue zumindest mal aus dem Fenster, räume die Spülmaschine aus – mache einfach etwas anderes. Das löst den Geist und er bekommt mehr Raum und dadurch entstehen neue Ideen.

Ideen, Lösungen, Kreativität erwachsen niemals aus einem engen, festgefahrenen Geist. Manche Menschen bekommen ihre Ideen auch bei Tätigkeiten, die nichts mit dem eigentlichen Problem zu tun haben, beispielsweise beim Joggen oder auf der Toilette, im Urlaub, beim Autofahren, Duschen oder Einkaufen.

Erst wenn wir bemerken, dass wir mit dem Kopf gegen eine unverrückbare Wand rennen, erst dann können wir uns entscheiden, einen Schritt zurückzutreten, um die Tür zu sehen und durch sie hindurchzutreten. Dafür brauchen wir Achtsamkeit.

8. Liebe und Mitgefühl

Liebe und Mitgefühl sind unerlässlich für jede Achtsamkeitspraxis. Sie sind deren Herz. Sie verbinden uns mit uns selbst und allen

Menschen um uns herum. Mit Liebe und Mitgefühl fallen Akzeptanz und Verstehen leichter, entstehen Vertrauen und Geduld. Wir alle kennen wohl Stimmen in uns, die nicht besonders nett mit uns reden und dauernd an uns herummäkeln. Ohne die Kultivierung von Liebe und Mitgefühl würde der Achtsamkeits-Feldwebel Einzug in unsere Welt halten und uns tagein, tagaus unerbittlich unter die Nase reiben, wo und wann wir vollkommen unachtsam waren, was wir alles immer noch nicht sehen, und uns unablässig fragen, wie wir es jemals schaffen wollen, achtsam zu werden. Gehen Sie sanft mit sich um. Wir sind Menschen, wir sind fehlbar und wir beginnen gerade mit der Achtsamkeitspraxis. Jeder in seinem Tempo. Wir werden die Erfahrung machen, dass sie uns manchmal schwer- und manchmal leichtfällt, dass sie uns begeistert, dass sie uns missfällt, dass sie Freude macht und unser Leben erhellt. Und wir werden entdecken, dass wir im Kern nicht unbedingt so verschieden von anderen sind, denn im Grunde wollen wir alle nur zwei Dinge: glücklich sein und Leiden und Schmerz vermeiden.

Wir brauchen uns dabei nicht perfektionistisch zu überfordern und müssen auch nicht zu Mutter Teresa werden. Denken Sie einfach nur das nächste Mal daran, was wohl Glück für die Person bedeutet, der Sie gerade gegenüberstehen, wie ihre Wirklichkeit wohl aussehen mag, woran sie am meisten leidet und was sie jetzt wohl am meisten braucht. Wie würde es Ihnen in einer vergleichbaren Situation gehen, was würden Sie sich wünschen, was würden Sie brauchen? So kann mit der Zeit wirkliches Mitgefühl entstehen. Bedenken Sie: Kriege entstehen, weil jeder auf seinem Standpunkt des Glücks beharrt und keiner bereit ist, seinen Teil zum Glück beizutragen.

Kriege im Kleinen können wir durch die Praxis der Achtsamkeit und die Entwicklung von Liebe und Mitgefühl beseitigen oder gar nicht erst entstehen lassen.

Authentische Achtsamkeit ist stets liebe- und friedvoll. Immer wenn Sie merken, dass Ihr Geist durch die Achtsamkeit eng oder kalt wird, handelt es sich nicht um authentische Achtsamkeit, sondern vielmehr nur um Kontrolle. Wahrhaftige Achtsamkeit fühlt sich leicht und fließend an, ganz weich und doch wach und klar. Es ist eine leichte, fließende Präsenz, die an nichts festklebt, die sich nichts einverleibt, ähnlich wie ein klarer Bach, der frisch über die Steine fließt, jeden Stein kurz berührt und umspült und schon wieder weiterfließt, ohne anzuhalten, ohne sich irgendwo zu stauen, voller lebendiger Energie, Klarheit und Frische.

Mit den acht Aspekten arbeiten: *Lassen Sie diese acht Punkte in Ihren Alltag fließen, in dem Sie sich immer mal wieder an sie erinnern, wenn Sie merken, dass Sie sich festbeißen oder in etwas verrennen. Am Anfang können wir uns manchmal nur dabei zuschauen, wie wir doch immer wieder unachtsam handeln. Das ist normal. Studieren Sie Ihre Abläufe, bis Sie irgendwann die Entscheidung fällen, es nun bewusst mal anders zu machen als sonst. Außerdem braucht es vielleicht auch mal ein paar Erinnerungshilfen. Verteilen Sie Klebezettel oder Postkarten mit passenden Schlagworten in Ihrer Wohnung oder lassen Sie sich durch ihr Handy erinnern, indem Sie Achtsamkeits-Reminder als Termine einstellen.*

Im folgenden Kapitel möchte ich Ihnen nun vier Meditations-Übungen vorstellen, beginnend mit der Achtsamkeits-Meditation im Sitzen, gefolgt von der Geh-Meditation, dem Body-Scan und dem

Atem-Raum, die Ihnen ermöglichen, Ihre Aufmerksamkeit zu zentrieren und Ihren Körper als Anker im Hier und Jetzt zu nutzen.

Auf der beiliegenden Übungs-CD finden Sie diese (mit Ausnahme der Geh-Meditation) als gesprochene Anleitungen zum Ausprobieren und als Unterstützung für Ihre Übungspraxis. Sie können alle Übungen täglich praktizieren, sie einen um den anderen Tag abwechseln oder sich auch nur eine der Übungen aussuchen, die Sie dann für einen längeren Zeitraum üben. Es gibt hier kein Dogma. Sie können die Übungen auch zu unterschiedlichen Tageszeiten ausführen. Beispielsweise könnten Sie mit der Atem-Meditation Ihren Tag beginnen und ihn am Abend mit dem Body-Scan abschließen. Den Atem-Raum können Sie immer wieder zwischendurch nach Bedarf in den Tag einbauen und während Ihrer Mittagspause vielleicht ein paar Schritte Geh-Meditation im Park üben. Verinnerlichen Sie dazu einfach die Anleitung, so brauchen Sie nicht immer die CD dazu.

[Tipp: *Üben Sie die Atem-Meditation so früh wie möglich ohne CD. So werden Sie schneller unabhängig und kommen früher in Ihre Selbststeuerungsfähigkeit. Fühlen Sie sich jedoch bitte frei, jederzeit wieder auf die CD zurückzugreifen, auch wenn Sie sich schon als »alter Hase« fühlen. Manchmal kann es die bestehende Praxis noch mal neu inspirieren, da Sie zu einem späteren Zeitpunkt die Anleitungen noch ein wenig anders als zu Beginn Ihres Weges verstehen werden.]*

Die Meditation

In vielen Religionen und Kulturen ist Meditation als Besinnung oder geistige Sammlung bekannt und wird auf unterschiedliche Art und Weise ausgeführt, deren Darlegung den Rahmen dieses Buches aber sprengen würde. Ich gehe im Folgenden nur auf die Achtsamkeitsmeditation ein, die ich der Einfachheit halber einfach nur noch *Meditation* nennen werde.

Meditation bedeutet hier schlichtes, bewusstes Sein, ohne etwas zu verändern oder zu manipulieren, abzulehnen oder festzuhalten. Sozusagen kultiviertes Nichtstun. Sie wird in Stille und vornehmlich im Sitzen geübt. In dieser Form der Meditation wird das nicht-eingreifende oder nicht-manipulierende Beobachten aller körperlichen Empfindungen, Gedanken und Gefühle geübt und der Fokus der Aufmerksamkeit durch die Ausrichtung auf den Atem ganz bewusst immer im jeweiligen Moment gehalten. Die Ausrichtung auf den Atem ist ein Hilfsmittel, und wenn der Geist stabil genug ist, kann sie fallengelassen werden. Im Laufe der Übungszeit – auch Praxis genannt – bekommen wir einen Einblick darin, wie unser Geist funktioniert. Wir erkennen, wie er pausenlos vor sich hin plappert, nach allem greift und Gedankengebilde schafft, die manchmal schön und verlockend oder aber auch schrecklich und furchteinflößend sein können. Mit Hilfe der Rückbesinnung und Fokussierung auf den Atem trainieren wir die Fähigkeit, aus diesen Filmen wieder auszusteigen, das Festhalten an Ideen und Vorstellungen zu lösen, immer präsenter zu werden und uns immer weniger im Alltag zu verstricken. Das beruhigt und stabilisiert mit der Zeit den Geist und ermöglicht es uns, auch im Alltag, selbst in schwierigen Situationen, die uns normalerweise vollkommen mitreißen würden, bewusst und handlungsfähig zu bleiben.

Das ist das Ziel dieser Meditation: Entwicklung von Klarheit, Bewusstheit, Sammlungsfähigkeit, Erkenntnis, Authentizität und die Verabschiedung von jeglichen Scheinwelten, Fluchtorten und rosa Seifenblasen.

Wo meditieren?

Suchen Sie sich zum Meditieren einen Platz, an dem Sie sich wohl und sicher fühlen. Es sollte ein Raum sein, in dem es nicht zieht, den Sie nach Ihren Bedürfnissen temperieren und lüften können.

Richten Sie sich Ihren Meditationsplatz so ein, dass er Ihren Bedürfnissen gerecht wird. Achten Sie darauf, dass Ihr Sitz so bequem wie möglich ausgestattet ist und dass Sie auf ihm möglichst entspannt, beschwerdefrei und anstrengungslos längere Zeit sitzen können.

Es gibt verschiedene Arten zu sitzen. Sie können auf einem Stuhl oder auf dem Boden auf einem Sitzbänkchen oder einem Meditationskissen sitzen. Sitzbänkchen und Meditationskissen ermöglichen auch auf dem Boden einen leicht erhöhten Sitz, so dass sich das Becken etwas nach vorne kippen kann. Daraus ergibt sich eine natürliche Aufrichtung der Wirbelsäule, die ohne Muskelkraft gehalten werden kann.

Die aufrechte Wirbelsäule erleichtert es Ihnen, aufmerksam zu bleiben, und gewährleistet eine unbehinderte Atmung. Experimentieren Sie einmal: Setzen Sie sich aufrecht hin und spüren Sie Ihren Atem. Dann lassen Sie sich ganz bewusst einsinken, der Oberkörper schrumpft in seiner Aufrichtung. Wie fühlt sich Ihr Atem an, wie fühlen Sie sich? Können Sie Unterschiede wahrnehmen?

Wenn Sie auf dem Boden auf einem Meditationskissen oder Bänkchen sitzen, empfiehlt es sich, eine dicke, zu einem Quadrat gefaltete Decke als Unterlage zu nehmen oder eine spezielle Meditationsmatte. Das wärmt und ist gerade bei längerem Sitzen für Ihre Fußknöchel sehr wohltuend und angenehm. Wer lieber auf einem Stuhl sitzt, kann sich für die Beckenkippung ein Keilkissen auf den Stuhl legen.

Je nachdem, für welche Sitzposition Sie sich entscheiden, gibt es verschiedene Empfehlungen, um in eine möglichst meditationsförderliche und gleichzeitig bequeme Haltung zu gelangen. Diese Empfehlungen sind bestens erprobt und reichen teilweise bis in die Zeiten Buddhas zurück.

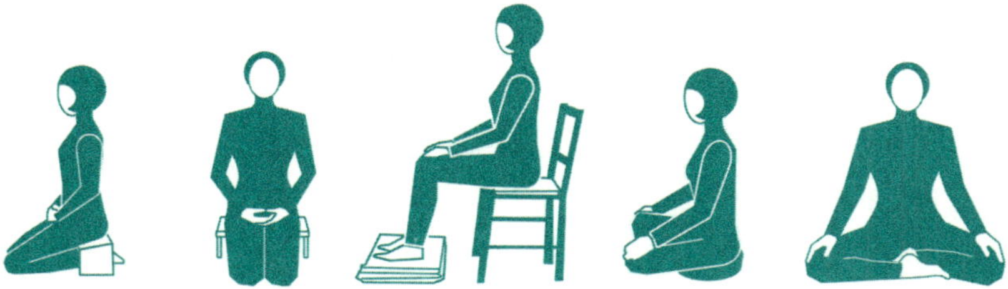

Die moderne Variante – der Stuhl

Setzen Sie sich so hin, dass Sie mit dem Gesäß etwas auf der Kante der Sitzfläche des Stuhls sitzen. So können Sie leichter das Becken kippen und den Rücken aufrichten. Sollte das zu anstrengend sein, rutschen Sie mit dem Gesäß wieder nach hinten und lehnen Sie sich mit aufrechtem Rücken an die Lehne des Stuhls. Stellen Sie Ihre Füße mit der ganzen Fläche fest auf den Boden, Unterschenkel und Oberschenkel bilden einen ungefähren rechten Winkel zueinander, Ihre Hände ruhen ganz entspannt mit den Handflächen nach unten auf den Oberschenkeln oder wie Schalen, mit den Handflächen nach oben ineinandergelegt, im Schoß. Dabei berühren sich die Daumenspitzen leicht.

Die klassische Variante – das Meditationskissen

Hier gibt es verschiedene Arten zu sitzen: den Schneidersitz, den burmesischen Sitz und den Lotossitz. Beim Schneidersitz, auch indianischer Stil genannt, werden die Beine gekreuzt und untergeschlagen. Ganz ähnlich ist der burmesische Sitz, bei dem aber beide Unterschenkel auf dem Boden ruhen und auf das Unterschlagen der Beine verzichtet wird. Als Alternative dazu kann man einen Fuß auf den gegenüberliegenden Oberschenkel legen. Diese Position wird »halber Lotos« genannt. Besonders geschmeidige oder geübte Personen können auch noch den anderen Fuß dazu nehmen, so dass beide Beine verschränkt sind und die Füße auf den Oberschenkeln ruhen. Das ist dann die Position des vollen Lotossitzes. Die beiden letztgenannten Positionen sind für westliche Praktizierende meist zu schwierig und auf Dauer zu unbequem.

Wählen Sie eine für sich passende Position aus, rutschen Sie auf die vordere Kante des Kissens, kippen Sie Ihr Becken etwas nach vorne, richten Sie den Rücken auf und lassen Sie die Hände auf den Oberschenkeln ruhen. Alternativ können Sie die Hände auch in Höhe etwas unterhalb Ihres Nabels wie Schalen, mit den Handflächen nach oben, ineinanderlegen. Dabei berühren sich die Daumenspitzen leicht. Es sollte eine klare Geste sein. Sollten Sie bemerken, dass sich durch das Halten Ihre Nacken- und Schultermuskeln anspannen, verwenden Sie ein Kissen als Unterstützung, das Sie sich einfach in den Schoß legen, und legen Sie darauf die ineinandergelegten Hände ab. Das Meditationskissen, auf dem Sie sitzen, ermöglicht es Ihnen, mit Ihrem Gesäß etwas erhöhter zu sitzen, so dass Sie leichter das Becken nach vorne kippen, die Beine auf dem Boden ruhen lassen und Sie den Rücken anstrengungslos aufrichten können. Wenn Ihr Kissen zu niedrig ist, führt dies häufig zu einem Rundrücken und Rückenschmerzen. Erhöhen Sie in dem Fall Ihren Sitz durch weitere Kissen oder gefaltete Decken so weit, bis Sie das Gefühl haben, einen entspannten und doch geraden Rücken zu haben, ohne Muskelanstrengung.

Das Sitzbänkchen

Wenn Ihnen das Sitzen auf einem Kissen Schwierigkeiten bereitet, vielleicht weil Sie sich dafür zu steif fühlen, Hüft- oder Knieprobleme haben, aber doch gerne auf traditionelle Weise auf dem Boden sitzen möchten, könnte das Sitzbänkchen für Sie eine gute Alternative darstellen. Hierbei sitzt man kniend auf dem Boden, mit unter das Bänkchen geschobenen Beinen. Das Gesäß ruht auf der Fläche des Bänkchens (ohne Bänkchen würde man mit dem Gesäß auf den Fersen sitzen). Durch das Bänkchen ist das Gewicht auf das Gesäß verlagert, die Sitzposition erhöht, der Beugewinkel der Knie reduziert, und die Knie sind somit entlastet. Das Bänkchen ist meist so gefertigt, dass durch eine schräge Sitzfläche die Beckenkippung sanft unterstützt wird und sich der Rücken natürlich aufrichten kann.

Wann meditieren?

Es gibt keinen bestimmten, »richtigen« Zeitpunkt, an dem man meditieren sollte. Experimentieren Sie am Anfang einfach, und finden

Sie so die für Sie passende Zeit heraus. Für manche Menschen ist der frühe Morgen eine wunderbare Zeit. Vielleicht weil es die einzige Zeit des Tages ist, in der sie sich selbst in Ruhe Zeit einräumen können, oder weil sie das Gefühl haben, sich so auf ihren Tag in Achtsamkeit ausrichten zu können. Für andere ist der Abend die Zeit ihrer Meditation, und sie geben sich damit Zeit und Ruhe, den Tag abzuschließen. Es spricht nichts dagegen, jede beliebige Zeit zu wählen oder auch den Morgen und den Abend, um den Tag mit Meditation zu beginnen und ihn mit Meditation abzuschließen. Ein Bekannter von mir hat sich beispielsweise in seinem Büro einen Meditationsplatz eingerichtet, der es ihm erlaubt, auch in der Mittagspause zu meditieren.

Achtsam zu sein bedeutet in Bezug auf die Meditation, sich selbst nicht zu überfordern. Achten Sie daher auf Ihren Biorhythmus. Mit der Zeit werden Sie herausfinden, wann Ihre Zeit ist. Dann ist es hilfreich, daraus eine Regelmäßigkeit zu machen. Menschen sind Gewohnheitstiere, und es fällt leichter, eine neue Gewohnheit zu etablieren, wenn wir die neue Tätigkeit immer zur gleichen Zeit ausführen. Das tibetische Wort für Meditation heißt *gom,* und es bedeutet, *sich etwas zur Gewohnheit machen*. Und das sollte Meditation für uns werden: eine heilsame Gewohnheit, ähnlich wie Zähneputzen. Ohne Zähneputzen morgens das Haus zu verlassen, ist für die meisten mittlerweile undenkbar. Aber auch diese Gewohnheit musste erst etabliert werden, und Sinn und Zweck des Zähneputzens mussten uns einleuchten. Mit der Zeit entwickelten wir dann die Gewohnheit, uns täglich die Zähne zu putzen, zum Wohle unserer Gesundheit. Mit der Meditation verhält es sich ähnlich.

Meditation ist keine »Schönwetterpraxis«. Es gibt keinen *richtigen* Zeitpunkt, damit anzufangen. Vielleicht denken Sie, dass Sie erst etwas ruhiger sein oder mehr darüber wissen müssten oder es Ihnen vielleicht noch nicht gut genug geht. Vielleicht geht es Ihnen auch gerade super, und Sie denken, dass Meditation nur etwas für diejenigen ist, denen es so richtig schlecht geht. Doch es gibt keinen besonderen Moment und keinen besonderen Tag oder keine speziellen Voraussetzungen für Meditation. Fangen Sie einfach an. Jetzt! Jetzt ist der beste Moment! Jetzt ist der einzige Moment, den Sie haben, in dem Sie lebendig sind. Um es mit Pema Chödröns Worten zu sagen: *»Beginne, wo du bist«*, jetzt, mit allen Sorgen, Freuden, Empfindungen, mit allem, was im Moment in Ihnen präsent ist. Dann wird Ihre Praxis fruchtbar und lebendig, denn Sie bringen den Reichtum Ihres Lebens mit aufs Kissen. Dieser Reichtum ist Ihr Potenzial, Ihr Treibstoff, der Sie alle Ihre Qualitäten entwickeln lässt. Fangen Sie einfach an, Sie haben alles, was Sie brauchen, und machen Sie weiter, auch wenn Sie sich besser fühlen oder sogar großartig. Machen Sie einfach weiter, so, wie Sie sich auch weiter die Zähne putzen, und sei es, weil Sie das frische, saubere Gefühl im Mund so schätzen. Wenn wir die Meditation als festen Bestandteil unseres Lebens etablieren, dann werden wir uns nicht mehr fragen: *»Soll ich mich jetzt hinsetzen oder vielleicht lieber später?«* Wir werden es einfach tun. So wie Zähneputzen. Diese Gewohnheit erleichtert uns die tägliche Praxis und schafft einen Raum, in dem wir bei uns ankommen und in dem wir mit uns selbst zu Hause sein können.

Wie meditieren?

Der Fokus dieser Atemmeditation liegt, wie der Name schon sagt, auf dem Spüren des Atems. Sei es, dass Sie bewusst mit Ihrer Aufmerksamkeit den zarten Luftstrom an oder in der Nase wahrnehmen oder die Bewegung Ihres Brustkorbes oder Ihrer Bauchdecke. Sobald Sie merken, dass Sie statt auf den Atem zu achten, gerade Pläne für morgen machen oder über den Tag nachdenken, bringen Sie sich sanft, aber bestimmt wieder zurück in den gegenwärtigen Moment, zurück zum Spüren des Atems. Es ist eine sehr einfache Technik und doch nicht ganz leicht, wie viele Übende nach einiger Zeit feststellen.

Im Folgenden lesen Sie die Anleitung einer Atem-Meditation, wie ich sie in meinen Kursen gebe.

Atem-Meditation im Sitzen: *Lassen Sie sich auf Ihrem Meditationsplatz nieder und machen Sie es sich bequem.*
Ob Sie auf einem Stuhl, Meditationskissen oder Bänkchen sitzen, achten Sie darauf, dass Ihr Rücken gerade aufgerichtet, der Nacken lang und das Kinn etwas nach unten geneigt ist. Wenn Sie Ihr Becken leicht nach vorne kippen, wird es Ihnen möglich sein, den Rücken ohne Muskelkraft gerade zu halten.
Sie können die Augen schließen oder geöffnet lassen. Wenn Sie Ihre

Augen geöffnet lassen, schauen Sie an Ihrer Nasenspitze entlang zu Boden mit einem ganz weichen Blick, ohne etwas Bestimmtes zu betrachten.
Entspannen Sie Ihre Gesichtszüge, lassen Sie los, entspannen Sie Ihre Schultern und lassen Sie sie nach hinten unten sinken. Sie können dies unterstützen, indem Sie einatmend die Schultern noch einmal bis zu den Ohren hochziehen und dann ausatmend langsam nach hinten unten sinken lassen. So öffnet sich Ihr Brustkorb, und Ihr Atem kann leichter fließen, Ihre Haltung wird würdevoller, offener und annehmender ... Lassen Sie Ihre Arme weich werden und auch Ihren Bauch, der sich ruhig etwas nach vorne wölben darf.
Dann nehmen Sie ganz bewusst wahr, wie Sie sitzen – nehmen die Kontaktpunkte zum Boden wahr, zum Kissen, Bänkchen oder Stuhl ...
Spüren Sie anschließend ganz bewusst in Ihren gesamten Körper hinein, ob Sie irgendwo noch Anspannung feststellen können. Erlauben Sie Ihrem Körper, mit jedem Ausatmen immer weicher zu werden, mit jedem Ausatmen immer mehr Spannung loszulassen. Ihr Rücken bleibt als Achse aufgerichtet, die Haltung bewahrt wei-

ter ihre würdevolle und klare Ausrichtung. Nur die Muskulatur Ihres Körpers entspannt immer mehr. Es ist leichter, mit einem entspannten Körper zu sitzen als mit einem angespannten.

Dann nehmen Sie Kontakt zu Ihrem Atem auf. Wo spüren Sie Ihren Atem gerade? An der Nasenspitze, wo sich vielleicht ein zarter Lufthauch bemerkbar macht? Oder vielleicht in der Kehle oder im Brustraum oder im Bauch? Entscheiden Sie sich dann für eine dieser Stellen, und verankern Sie dort Ihre Aufmerksamkeit. Fahren Sie fort, Ihren Atem an dieser Stelle zu spüren, Sie brauchen sonst nichts zu tun, dürfen sich entspannen und einfach Ihren Atem genießen.

Vielleicht merken Sie irgendwann, dass Sie mit Ihrer Aufmerksamkeit abschweifen, vielleicht einen Einkaufszettel schreiben oder über irgendetwas nachdenken. Das ist ganz normal. Die Übung besteht darin, ganz bewusst wahrzunehmen, was im Geist geschieht, dass Sie gerade denken oder abschweifen zum Beispiel, und diesem Denken und Abschweifen nicht zu folgen. Unterbrechen Sie es. Bringen Sie Ihre Aufmerksamkeit sanft, aber bestimmt wieder zurück zu Ihrem Atem-Ankerpunkt, und fahren Sie fort, Ihren Atem zu genießen. Ganz gleich, ob der Inhalt Ihrer Gedanken angenehm oder un-

angenehm war. Bemerken Sie, wenn Sie abschweifen, und bringen Sie sich wieder zurück. Immer und immer wieder. Es gibt für diesen Moment sonst nichts zu tun. Dies ist Ihre Zeit.

Gedanken dürfen kommen und gehen. Sie sind der natürliche, kreative Ausdruck unseres Geistes. Lassen Sie sich von der Aktivität Ihres Geistes nicht beeindrucken. Was auch immer in Ihnen aufkommen mag, bleiben Sie beim Spüren Ihres Atems. Betrachten Sie die Regungen Ihres Geistes aus der Position eines unbeteiligten Beobachters, einer unbeteiligten Beobachterin heraus … Wenn Sie bemerken, dass Sie von Gedanken oder Gefühlen fortgerissen worden sind und sich in ihnen verfangen haben, kommen Sie einfach und unmittelbar wieder zurück zum Spüren Ihres Atems. Ärgern Sie sich nicht. Sie üben. Sie brauchen nicht perfekt sein. Und es ist vollkommen unerheblich, wie lange Sie »abwesend« waren, es zählt immer nur der Moment, in dem Sie wieder zu Ihrem Atem zurückkehren. Denn wenn Sie bemerken, dass Sie unachtsam waren, sind Sie bereits wieder achtsam. Machen Sie einfach weiter. Entspannen Sie sich, und genießen Sie den Atem.

Um die Meditation zu beenden, atmen Sie noch einmal tief ein und aus, recken und strecken Sie sich und halten Sie die Achtsamkeit bei Ihren weiteren Aktivitäten aufrecht.

Dies ist die erste Stufe der Meditation, und man nennt sie *»den Geist beruhigen«*. Diese Übung kultiviert Achtsamkeit, Wachheit, Klarheit und die Fähigkeit, sich präzise auf einen Fokus auszurichten, sogenanntes Einsgerichtetsein. Es ist eine Schulung des Geistes, sich immer wieder von allen aufkommenden Gefühlen und Gedanken zu lösen und nicht mehr wie ein Affe von einem zum anderen zu springen. Das kontinuierliche Plappern und Kommentieren kommt so ganz natürlich zur Ruhe. Erst durch dieses Einsgerichtetsein können wir uns selbst und die Dinge, wie sie sind, auf einer tiefen, geistigen Ebene erfahren und mit dem, was jetzt gegenwärtig ist, in Verbindung treten. Erkenntnisprozesse finden auf diese Weise ganz natürlich statt, und wir werden fähig, den Geist in seiner Funktionsweise und seiner eigentlichen Natur zu erkennen. Manchmal scheinen diese Erkenntnisse intuitiv aus dem Nichts aufzusteigen, ohne intellektuellen Prozess. Dies ist dann die zweite Stufe der Meditation, und sie wird *»Intuitive Einsicht«* genannt. Sie kann sich im

Laufe der Zeit mit wachsender Übung und der daraus resultierenden Beruhigung und Entspannung des Geistes einstellen.

Wie lange meditieren?

Wie lange Sie meditieren, hängt von Ihren persönlichen Möglichkeiten ab. Am Anfang empfiehlt es sich, nur kurze Zeitspannen zu sitzen. Das hält den Geist wach und überfordert Sie nicht gleich – und macht dann auch Lust auf mehr. Nichts ist anfangs frustrierender als das Gefühl, endlos die Zeit abzusitzen. Denn dann werden Sie es schwerhaben, sich voller Freude regelmäßig hinzusetzen. Wenn Sie ohne CD üben möchten, dann beginnen Sie für die ersten paar Tage mit drei bis fünf Minuten, und steigern Sie die Zeit anschließend auf zehn bis fünfzehn Minuten, wenn Sie das Gefühl haben, es macht Ihnen Freude, es fällt Ihnen leicht, zu sitzen und die Aufmerksamkeit frisch zu halten. Verlängern Sie die Zeit über Wochen und Monate minutenweise nach Ihrem persönlichen Empfinden. Erwarten Sie bitte nicht von sich, dass Sie die komplette Übungszeit zu 100 Prozent mit der Aufmerksamkeit beim Atem verweilen. Vielmehr geht es in dieser Übungszeit darum, dass Sie immer wieder mitbekommen, wenn Sie von Gedanken davongetragen werden und sich mit Ihrer Aufmerksamkeit sofort nach dem Erkennen wieder auf den Atem zurückholen. Solange Sie dieses Pendeln zwischen Atem und Abschweifen aufrechterhalten können, ist alles in Ordnung. Irgendwann allerdings ermüdet unsere Aufmerksamkeit, und dann versinken wir in Träumen, Gedankenketten und Plänen. Ihre Übungszeit ist zu lang, wenn Sie nicht mehr merken, dass Sie schon längst abgeschweift sind und nur noch extrem schwer zum Atem zurückfinden. Sie können Ihre Meditationszeit so lang oder kurz halten, wie es für Sie stimmig ist. Es ist ganz wichtig, dass Sie auf Ihre persönlichen Möglichkeiten achten und sie respektieren. Und sich davon verabschieden, dass ein »guter« Meditierender auch ordentlich lange sitzen sollte.

Die Sitzpraxis sollte mit Ihrem Leben kompatibel sein. Wählen Sie dazu eine Zeitspanne, die Sie ohne Probleme täglich einhalten können. Die Regelmäßigkeit ist der Schlüssel zum Erfolg. Eine reine »Sonntagspraxis« wird kaum Erfolge zeigen.

Mit dem Meditieren zu beginnen, ist so ähnlich, wie mit einer Ausdauersportart zu beginnen, beispielsweise dem Joggen. Am Anfang läuft man regelmäßig mehrmals pro Woche kurze Einheiten, damit sich der Körper an die neue Anstrengung gewöhnen kann und entsprechende Muskeln ausbildet. Je nach Tagesverfassung fällt es uns den einen Tag leicht und an einem anderen Tag schwer. Das ist normal. Woche für Woche dehnt man die Zeit langsam aus und der Körper passt sich immer mehr den Anforderungen an. Nach ein paar Wochen kann man ohne Probleme eine halbe Stunde laufen. Ja, man beginnt es zu genießen, es fällt zunehmend leichter und macht Spaß. Man fühlt sich leistungsfähiger, nimmt vielleicht noch ein paar Kilo ab und kommt auf neue Ideen.

Zur Übung der Meditation braucht es, genauso wie beim Joggen, Disziplin und Durchhaltevermögen. Meditation ist nicht immer leicht und schön. Sie fühlt sich manchmal wirklich wie Arbeit an. Das ist normal, es läuft dann nichts falsch. Einen wilden Affen zu zähmen, ist eben nicht an einem Tag getan. Und wenn Sie ein ganzes Rudel Affen im Kopf haben, die es gewohnt sind, seit Jahrzehnten Freilauf zu haben, überall herumzuklettern, mit allem zu spielen und herumzuspringen, dann braucht es auch entsprechende Zeit, sie zu zähmen und ihnen neue Manieren beizubringen. Auch wenn es manchmal anstrengend ist, es lohnt sich. Mit der Zeit und wachsender Übung wird es leichter werden.

Nehmen Sie sich jeden Tag eine feste Zeit vor, und sitzen Sie diese Zeit, komme, was da wolle. Ob es anstrengend ist und der Affenzirkus tobt oder ob Sie sich großartig fühlen und bereits der Dalai Lama in Person geworden sind: Bleiben Sie sitzen, atmen Sie und hören Sie erst mit der Übung auf, wenn die Zeit um ist. Sitzen Sie jedoch auch nicht länger, als Sie mit sich selbst vereinbart haben, weder um sich zu bestrafen, weil Sie nicht »richtig« meditiert haben, noch weil es gerade so gut läuft und Sie diesen Zustand gerne noch etwas konservieren möchten. Die Zeit ist um, beenden Sie die Meditation! Warum? Bestrafung hat noch keinem meditierenden Geist gutgetan und kultiviert nur Enge und Härte im Geist. Je mehr Sie die Meditation *machen* wollen, umso mehr entzieht sie sich Ihnen. Meditation geschieht, wenn wir uns vom Wollen lösen und entspannen. Und wenn es eine »schöne« Meditation war? Nun, dann ist es wunderbar aufzuhören, denn so haben Sie richtig Lust, am nächsten Tag weiter zu üben. Kleben Sie nicht an Ihren Erfahrungen.

Die Geh-Meditation

Eine Alternative zur Atem-Meditation im Sitzen ist die Geh-Meditation. Sie ist relativ leicht auszuführen und kann im täglichen Leben als meditative Geh-Einheit oder aber auch zur Auflockerung zwischen längeren Sitz-Meditations-Perioden eingesetzt werden. Sie können die Geh-Meditation überall durchführen, wo Sie sich gerade befinden und etwas Platz haben. Wenn Sie wenig Platz haben, gehen Sie einfach auf und ab.

Verschränken Sie hierzu Ihre Hände entweder auf dem Rücken oder auf dem Bauch, so dass die Hände zur Ruhe kommen und Sie nicht stören. Richten Sie Ihren Blick auf den Boden, ohne etwas Spezielles zu betrachten. Mit dem nächsten Einatmen heben Sie den rechten Fuß an, machen einen kleinen Schritt nach vorne und mit der nächsten Ausatmung setzen Sie den Fuß vor sich wieder auf und rollen ihn ausatmend ab. Nun einatmend den linken Fuß heben, kleiner

Schritt, ausatmend aufsetzen und abrollen. Und so weiter. Bitte gehen Sie nicht wie ein »Storch im Salat«. Gehen Sie so natürlich wie möglich, allerdings mit verlangsamter Geh-Geschwindigkeit, mit kleinen Schritten und im Rhythmus Ihres Atems. Achten Sie während des Gehens auf die Empfindungen Ihrer Füße, auf Ihre Muskeln, Ihren Körper. Welche Muskeln werden für diese Abläufe gebraucht, wie hält der Körper das Gleichgewicht, wie fließt der Atem? Nehmen Sie den Boden unter sich wahr. Fühlt er sich warm oder kalt, weich oder hart an? Was können Sie hören? Vielleicht spüren Sie auch den Wind auf Ihrer Haut oder die Sonne, wenn Sie draußen gehen. Bemerken Sie, wenn Sie mit Ihren Gedanken abschweifen, und bringen Sie sich zurück in die Präsenz des Augenblicks, zurück zum Spüren Ihrer Füße, zurück zum Atmen. Bemerken Sie auch die Qualität Ihrer Emotionen, vielleicht werden Sie ungeduldig, wollen schneller gehen, langweilen sich oder werden wütend. Vielleicht fühlen Sie sich aber auch müde, verlangsamt und träge. Oder auch ruhig und ausgeglichen. Nehmen Sie Ihre Bewertungen wahr, Unterscheidungen von Gut oder Schlecht, Richtig oder Falsch. Registrieren Sie einfach, was gerade präsent ist, ohne etwas daran zu verändern. Atmen Sie, gehen Sie, versuchen Sie, alles wahrzunehmen, was in diesem Moment gegenwärtig ist, ohne jedoch aktiv darauf zu reagieren.

Wenn Sie die Übung beenden möchten, können Sie für einen Moment stehen bleiben und die Augen schließen. Stehen Sie einfach ganz bewusst da, nehmen Sie wahr, was da ist, atmen Sie und beenden Sie dann mit einem tiefen Ein- und Ausatmen die Übung. Wenn Sie Geh-Meditation als »Pause« von der Sitz-Meditation praktizieren, verzichten Sie auf diesen Steh-Moment und gehen einfach so lange, bis Sie bei Ihrem Sitzplatz wieder angelangt sind, setzen sich mit Achtsamkeit für alle Ihre Bewegungen hin und fahren mit der Sitz-Meditation fort.

Die Körper-Meditation – Der Body-Scan

Diese Übung ist eine Form der Meditation, die im Liegen sowie im Sitzen durchgeführt werden kann und insbesondere den ganzkörperlichen Aspekt der Achtsamkeit betont.

Durch diese Form der Meditation wird die Körperwahrnehmung geschult und das nicht-manipulierende und wertneutrale Beobachten der Phänomene geübt. Dabei lässt man die Aufmerksamkeit langsam, wie bei einer Bestandsaufnahme, Körperteil für Körperteil, beginnend bei den Füßen aufwärts bis zum Kopf wandern und achtet vollkommen wertneutral auf die jeweiligen Empfindungen der Körperteile, der Haut, der Muskulatur, der Knochen und Gelenke. Bei der Durchführung ist es wichtig, nur beim Spüren zu bleiben und die Achtsamkeit Moment für Moment aufrechtzuerhalten und sich nicht in geistigen Vorstellungen über die Körperteile zu verlieren. Sonst wird diese Übung schnell zu einer Reise der Gedanken durch einen Anatomie-Atlas.

Mit der Zeit und regelmäßiger Übung verfeinert sich Ihre Körperwahrnehmung, und es wird Ihnen auch möglich sein, einen schnellen Body-Scan von wenigen Minuten durchzuführen, um sich mit Ihren Körperempfindungen im jeweiligen Moment zu verbinden.

Es kann sein, dass Sie während des Übens müde werden, da der Organismus es noch nicht gewohnt ist, dass es auch eine entspannte Wachheit gibt. Vielleicht sind Sie aber auch einfach sehr erschöpft, und der Körper nutzt diese Ruhephase, um sich mit Schlaf zu versorgen. Manchmal jedoch ist Einschlafen auch eine Form des Widerstandes, des Zumachens und Vermeidens. Beobachten Sie sich einfach, ohne ein Drama aus den Vorgängen zu machen oder gar zu verzweifeln. Wenn Sie Schläfrigkeit bemerken, üben Sie einfach weiter. Diese Phänomene vergehen meistens mit zunehmender Übung. Versuchen Sie, wach zu bleiben, indem Sie sich sofort, wenn Sie bemerken, dass Sie einzuschlafen drohen oder in Gedankenketten abdriften, mit liebevoller Disziplin wieder zurück zum Spüren der Empfindungen des aktuellen Körperteils bringen. Es kann Ihnen auch helfen, die Augen zu öffnen oder statt im Liegen den Body-Scan im Sitzen auf einem Stuhl oder Sessel durchzuführen. Üben

Sie grundsätzlich nicht im Bett. Das Bett ist zum Schlafen da und sollte es bleiben. Mit dem Body-Scan üben Sie sich in entspannter Wachheit und Aufmerksamkeit, und im Bett zu üben, könnte sich unter Umständen kontraproduktiv auf Ihren Schlaf auswirken. Machen Sie es sich stattdessen auf einer Matte oder Decke bequem. Wenn Sie liegen und zu Rückenschmerzen neigen, lagern Sie Ihre Beine etwas erhöht, so wird Ihr Rücken entlastet. Sie dürfen es sich selbstverständlich so bequem wie möglich machen. Üben Sie ruhig auch mal an wechselnden Orten, wie zum Beispiel in der Badewanne oder sitzend in der U-Bahn. So integrieren Sie die Übung ganz automatisch in Ihre täglichen Abläufe.

Sie finden die folgende Anleitung zum Mitmachen auf der beiliegenden Übungs-CD:

Suchen Sie sich einen Ort, an dem Sie nicht gestört werden, und machen Sie es sich so bequem wie möglich. Eine Decke und ein Kissen für den Kopf schaffen Behaglichkeit. Sie können diese Übung im Liegen, aber auch im Sitzen ausführen, je nachdem, was Ihnen angenehmer oder praktikabler erscheint.

Schließen Sie die Augen. Nehmen Sie den Boden unter sich wahr. Nehmen Sie ganz bewusst wahr, wie Sie liegen oder sitzen. Lassen Sie nun Ihre Aufmerksamkeit auf Ihrem Atem ruhen. Spüren Sie, wie Ihr Atem ein- und ausströmt, wie er sanft die Bauchdecke hebt und sanft die Bauchdecke wieder absenkt. Folgen Sie für einige Augenblicke Ihren Atembewegungen. Wenn Sie bemerken, dass Sie mit den Gedanken abschweifen, bringen Sie sich liebevoll, aber entschieden wieder zurück zum Spüren Ihres Atems.
Wandern Sie nun mit Ihrer Aufmerksamkeit zu Ihrem linken Fuß. Was können Sie jetzt, in diesem Moment an Ihrem Fuß wahrnehmen? Vielleicht ein leichtes Kribbeln an den Zehen, Wärme, Kälte. Vielleicht können Sie auch, je nachdem wie Sie liegen oder sitzen, die Berührung des Bodens unter Ihrem Fuß wahrnehmen, ein leichter Gegendruck, die Schwere der Ferse. Was auch immer es ist, erlauben Sie sich, dass alles sein darf, wie es ist, ohne es zu bewerten oder gar abzulehnen. Auch wenn Sie nichts spüren, ist das völlig in Ordnung. Wir können nicht immer überall etwas spüren, es läuft nichts falsch. Gehen Sie dann weiter mit Ihrer Aufmerksamkeit zu Ihrem linken Unterschenkel. Was können Sie in diesem Moment an Ihrem Un-

terschenkel wahrnehmen? Vielleicht die Berührung des Stoffs Ihrer Hose oder Ihres Rocks, die Berührung des Bodens. Vielleicht Wärme oder Kühle. Was auch immer es ist, nehmen Sie es wahr.
Gehen Sie dann weiter zu Ihrem Knie. Wie geht es Ihrem Knie jetzt gerade, in diesem Moment? Schmerzt es? Oder geht es ihm recht gut? Welche Empfindungen können Sie sonst noch an oder in Ihrem Knie wahrnehmen? Vielleicht können Sie gar nichts Bestimmtes wahrnehmen. Auch das ist in Ordnung.
Gehen Sie weiter zu Ihrem linken Oberschenkel. Was können Sie jetzt, in diesem Moment an Ihrem Oberschenkel wahrnehmen? Vielleicht eine leichte Spannung der Muskulatur. Vielleicht haben Sie auch Muskelkater vom Sport. Vielleicht ist da aber auch Lockerheit, Entspanntheit oder auch gar nichts Bestimmtes. Erlauben Sie sich – egal was es ist –, es einfach nur wahrzunehmen.
Gehen Sie dann weiter zu Ihrer Hüfte. Wie geht es Ihrer Hüfte jetzt gerade, in diesem Moment? Was nehmen Sie wahr? Was spüren Sie?
Wandern Sie nun von der linken Hüfte zu Ihrer rechten Hüfte und gleiten Sie mit Ihrer Aufmerksamkeit Ihr rechtes Bein hinab bis zu Ihrem rechten Fuß.

Was können Sie jetzt, in diesem Moment an Ihrem rechten Fuß wahrnehmen? An den Zehen, dem Fußrücken, der Fußsohle, der Ferse. Alles darf sein, wie es ist. Bewerten Sie nichts, lehnen Sie nichts ab.
Gehen Sie weiter zu Ihrem Unterschenkel. Was können Sie hier wahrnehmen jetzt, in diesem Moment?
Gehen Sie dann weiter zu Ihrem Knie. Was nehmen Sie wahr?
Gehen Sie weiter zu Ihrem Oberschenkel. Was nehmen Sie jetzt, in diesem Moment an Ihrem Oberschenkel wahr? Empfindungen der Haut, der Muskulatur und des Knochens.
Gehen Sie dann weiter zu Ihrer Hüfte. Was nehmen Sie in Ihrem Hüftgelenk wahr. Was spüren Sie jetzt, in diesem Moment?
Gehen Sie mit Ihrer Aufmerksamkeit weiter zu Ihrem Gesäß. Was können Sie jetzt gerade an Ihrem Gesäß empfinden, wahrnehmen. Was taucht auf? Ist die Muskulatur locker oder angespannt? Vielleicht können Sie auch den Untergrund wahrnehmen, spüren – wenn Sie sitzen, vielleicht den Stuhl, wenn Sie liegen, die Matte. Spüren Sie die Festigkeit oder die Weichheit des Materials.
Gehen Sie mit Ihrer Aufmerksamkeit weiter zu Ihrem Lendenwirbelbereich. Was können Sie hier jetzt gerade, in diesem Moment

wahrnehmen? Vielleicht haben Sie in diesem Bereich im Augenblick Schmerzen. Oder vielleicht war gestern dort Schmerz, und Sie können bemerken, dass heute kein Schmerz da ist. Bemerken Sie es, nehmen Sie es wahr, wahrnehmen was ist, jetzt gerade, in diesem Moment. Vielleicht tauchen auch Gedanken auf, nehmen Sie auch die Gedanken zur Kenntnis – ohne zu bewerten – nur wahrnehmen.
Gehen Sie weiter mit Ihrer Aufmerksamkeit zu Ihrem oberen Rücken. Was können Sie dort wahrnehmen? Wie geht es Ihrem Rücken im Augenblick? Vielleicht spüren Sie Spannung oder auch Entspannung. Was auch immer es ist, nehmen Sie es wahr – ohne zu bewerten –, einfach nur wahrnehmen. Alles darf sein, wie es ist.
Wandern Sie dann an den Rippenbögen entlang nach vorne, und erlauben Sie sich eine Bestandsaufnahme Ihres Brustkorbs. Was können Sie wahrnehmen? Vielleicht spüren Sie, wie der Brustkorb sich mit der Einatmung ausdehnt und wie er sich mit der Ausatmung wieder zusammenzieht. Fühlen Sie sich eingeengt, oder fühlen Sie sich frei und gelöst?
Gehen Sie mit Ihrer Aufmerksamkeit nun etwas tiefer zu Ihrem Bauchraum. Was können Sie jetzt gerade in Ihrem Bauchraum be-

merken, wahrnehmen, empfinden? Vielleicht können Sie gerade Ihre Darmtätigkeit spüren. Wie geht es Ihrem Magen? Verspüren Sie Hunger, oder nehmen Sie ein Gefühl der Sättigung wahr? Spüren Sie Anspannung oder Entspannung? Schmerzen oder die Abwesenheit von Schmerz? Alles darf sein, wie es ist, nehmen Sie alles aus der Position eines wertneutralen Beobachters, einer objektiven Beobachterin wahr.
Gehen Sie nun mit Ihrer Aufmerksamkeit zu Ihrem linken Arm, den Arm hinab zu Ihrer linken Hand. Wie geht es Ihrer Hand gerade? Was können Sie wahrnehmen? Vielleicht ist Ihre Hand kalt oder auch warm. Vielleicht spüren Sie ein Kribbeln in den Fingern. Können Sie wahrnehmen, wo und wie Ihre Hand aufliegt – die Berührung der Hand mit dem Stuhl oder der Decke. Was immer es ist – bemerken Sie es, ohne es zu bewerten.
Gehen Sie dann mit Ihrer Aufmerksamkeit weiter in Ihren Arm. Was können Sie an Ihrem Arm gerade jetzt wahrnehmen? Ist es vielleicht ein Gefühl von Schwere oder Leichtigkeit? Vielleicht spüren Sie auch die Berührungen Ihres Pullovers, des Stoffs auf Ihrer Haut. Nehmen Sie wahr, was ist, ohne Bewertung.
Gehen Sie dann weiter zu Ihrer linken Schulter. Wie geht es gerade

Ihrer Schulter? Ist sie angespannt, verspannt sogar, schmerzt sie? Oder ist sie locker und gelöst, warm oder kühl? Betrachten Sie, was ist, ohne zu bewerten.
Gehen Sie nun mit Ihrer Aufmerksamkeit zu Ihrem rechten Arm, den Arm hinab zu Ihrer rechten Hand. Wie geht es Ihrer Hand gerade? Was können Sie wahrnehmen? Wärme oder Kälte, ein Kribbeln, die Berührung mit dem Untergrund?
Was können Sie in Ihrem Arm wahrnehmen? Schwere oder Leichtigkeit, Empfindungen Ihrer Haut? Nehmen Sie wahr, was ist, ohne Bewertung.
Gehen Sie dann weiter zu Ihrer rechten Schulter. Wie geht es gerade Ihrer Schulter? Ist sie angespannt, verspannt sogar, schmerzt sie? Oder ist sie locker und gelöst, warm oder kühl? Betrachten Sie, was ist, ohne zu bewerten.
Gehen Sie mit Ihrer Aufmerksamkeit weiter zu Ihrem Hals. Was können Sie an Ihrem Hals feststellen, was können Sie spüren, was empfinden Sie? Ist Ihr Hals locker oder angespannt, spüren Sie Wärme oder Kälte, Schmerzen oder die Abwesenheit von Schmerz? Was immer es ist, nehmen Sie es wahr.

Gehen Sie dann weiter zu Ihrem Gesicht. Wie geht es Ihrem Gesicht gerade? Was können Sie wahrnehmen? Ist Ihre Mimik vielleicht angespannt, fühlt sich hart an? Oder ist sie locker und gelöst, weich? Was können Sie in der Kiefermuskulatur wahrnehmen? Spannung oder Entspannung? Was nehmen Sie an Ihren Augen wahr? Was an Ihrer Stirn?
Wandern Sie dann weiter zu Ihrer Kopfhaut. Vielleicht können Sie hier ein Prickeln oder Kribbeln wahrnehmen.
Dehnen Sie nun Ihre Aufmerksamkeit auf Ihren gesamten Kopfraum aus und erlauben Sie sich, Ihren Kopf als Ganzes wahrzunehmen und alle damit auftauchenden Empfindungen. Wie geht es Ihrem Kopf? Vielleicht spüren Sie einen unbestimmten Druck, haben vielleicht gar Kopfschmerzen, oder Ihr Kopf fühlt sich gerade licht und klar an, oder Sie empfinden gar nichts Bestimmtes. Was auch immer es ist, nehmen Sie es wahr, ohne es zu bewerten oder anders haben zu wollen.
Dehnen Sie nun Ihre Aufmerksamkeit auf Ihren gesamten Körper aus. Wie fühlen Sie sich in Ihrem Körper? Was können Sie wahrnehmen? Wie geht es Ihnen gerade jetzt? Nehmen Sie wahr, was ist, ohne es zu bewerten, ohne es abzulehnen.

Richten Sie nun die Aufmerksamkeit wieder zurück auf Ihren Atem. Spüren Sie, wie der Atem in Sie einströmt, lassen Sie ihn durch Ihren gesamten Körper hindurchfließen und zirkulieren, bis Ihr Atem wieder durch die Nase hinausströmt.
Atmen Sie so für einen Moment, und genießen Sie den Fluss Ihres Atems durch Ihren gesamten Körper.
Beenden Sie nun Ihre Übung, atmen Sie noch einmal tief ein und aus, strecken und recken Sie sich oder machen Sie andere ruhige Bewegungen, die Ihnen guttun. Kehren Sie mit Ihrer Aufmerksamkeit zurück in den Raum, in dem Sie sich befinden, nehmen Sie die Geräusche, die an Ihr Ohr dringen, wahr, schlagen Sie die Augen auf und halten Sie die Achtsamkeit bei Ihren weiteren Aktivitäten aufrecht.

Der Atem-Raum

Eine weitere Möglichkeit aus der hektischen Betriebsamkeit unseres Alltags auszusteigen und in den gegenwärtigen Augenblick, ins Jetzt zurückzukommen, ist die Übung des Atem-Raums – eine sehr praktikable, alltagstaugliche und schnell durchführbare Übung. Sie brauchen dafür nicht mehr als drei Minuten Zeit. Der Atem-Raum ist sozusagen eine Mini-Mini-Meditation. Sie können diese Übung überall praktizieren, im Stehen, im Sitzen, im Liegen, überall, wo Sie sich mit dem gegenwärtigen Moment wieder verbinden möchten:

Immer wenn Sie bemerken, dass Sie sich im Modus des Autopiloten befinden, und sich mit dem gegenwärtigen Moment, dem Jetzt, wieder verbinden wollen, nehmen Sie eine aufrechte, würdevolle Haltung ein. Schließen Sie die Augen. Konzentrieren Sie sich auf Ihre Wahrnehmung, gerade jetzt, in diesem Moment. Fragen Sie sich:

»Was ist meine Erfahrung gerade jetzt? Was denke ich, was fühle ich, welche körperlichen Empfindungen kann ich gerade wahrnehmen?« Bemerken Sie, was in den Fokus Ihrer Aufmerksamkeit rückt, auch Unerwünschtes oder Unangenehmes. Alles darf da sein.
Richten Sie dann sanft Ihre Aufmerksamkeit auf den Atem, und spüren Sie, wie es sich anfühlt, wenn Sie einatmen, und wie es sich anfühlt, wenn Sie ausatmen. Bleiben Sie bei Ihrem Atem den ganzen Einatem lang sowie den ganzen Ausatem lang.
Ihr Atem ist Ihr Anker im Jetzt. Er hilft Ihnen, in die Gegenwart zurückzukehren und sich in einen Zustand der Achtsamkeit und Stille einzustimmen.
Dehnen Sie dann Ihre Achtsamkeit über Ihren Atem hinaus auf das Spüren Ihres Körpers, Ihrer Haltung und Ihres Gesichtsausdrucks aus.
Wenn Sie die Übung beenden, versuchen Sie, Ihre Achtsamkeit auch bei den darauf folgenden Aktivitäten zu bewahren, solange es geht.

Der Umgang mit Schwierigkeiten

Jeder, der sich ernsthaft mit Meditation (Body-Scan und Geh-Meditation mit eingeschlossen) auseinandersetzt, wird mit Problemen konfrontiert werden. Wirklich jeder! Schwierigkeiten und Probleme gehören wie im »richtigen Leben« auch in der Meditation einfach dazu. Und anstatt davor wegzulaufen oder an ihnen zu verzweifeln, sollten wir sie als wunderbare Gelegenheiten willkommen heißen, denn in ihnen steckt unser Wachstumspotenzial. Im Umgang mit diesen Schwierigkeiten lernen wir eine Menge über uns selbst und den Umgang mit Schwierigkeiten im alltäglichen Leben, und das auf eine vollkommen ungefährliche und recht bequeme Art und Weise – auf einem weichen Kissen sitzend, eingekuschelt in eine warme Decke.

Schläfrigkeit/Dumpfheit

Mit Schläfrigkeit oder auch Dumpfheit werden wir es in unserer Meditation früher oder später auf jeden Fall zu tun haben. Sie behindern unseren Erkenntnisprozess und die Meditation oder sie verhindern sie sogar gänzlich. Schläfrigkeit kann sich angenehm oder auch unangenehm anfühlen. Genauso verhält es sich mit der Dumpfheit.

Es gibt viele Gründe für Schläfrigkeit. Gerade zu Beginn des Meditationsweges sind Körper und Geist es noch nicht gewohnt, dass Entspannung nicht gleichbedeutend mit Einschlafen ist. Diese Gleichsetzung ist eine uralte Konditionierung unseres Geistes. Mit der Zeit gewöhnen wir uns aber an die entspannte Wachheit, und die Schläfrigkeit nimmt ab. Genauso kann Schläfrigkeit auch eine Widerstandsreaktion auf eine Erkenntnis sein, die man nicht wahrhaben möchte. Es ist leichter, in den Schlaf zu flüchten, wenn etwas unangenehm wird, als sich mit den Dingen auseinanderzusetzen. Wir brauchen viel Achtsamkeit, Präzision und auch Mitgefühl für uns selbst, um uns dem, was uns Angst macht, zu nähern und aufmerksam im Brennpunkt zu bleiben. Hier liegt die wahre Qualität.

Hier im Brennpunkt, wo wir an unsere Grenzen kommen, wo es schwierig wird, liegt unser persönlicher Schatz der Erkenntnis begraben. Wenn wir immer wieder die Flucht ergreifen, werden wir den Schatz nie heben können. Die Arbeit mit einem Lehrer, einer Lehrerin kann in diesen Situationen sehr hilfreich sein.

Dumpfheit ist ebenfalls eine Widerstandsreaktion, ein Blindsein für die Dinge, wie sie wirklich sind. Dumpfheit ist nicht immer leicht zu erkennen. Manchmal wiegen wir uns in dem guten Gefühl, alles klar zu sehen, und doch haben wir einen blinden Fleck. Es ist, als würden wir mit Dreck im Gesicht rumlaufen, den wir noch nicht bemerkt haben. Manchmal brauchen wir dann andere, damit wir auf unsere blinden Flecke aufmerksam werden. Nur wenn wir hinschauen und die Dinge sehen, wie sie sind, können wir Erkenntnisse gewinnen. Sonst hintergehen wir uns selbst und gelangen nicht zum Kern der Erfahrung.

Was können wir tun, wenn sich Schläfrigkeit und Dumpfheit in uns breitmachen? Hier gibt es verschiedene Möglichkeiten:

- Achten Sie auf eine gute Belüftung in Ihrem Meditationsraum. Die Kleidung sollte zwar angenehm warm, aber nicht zu warm sein. Ebenso fördert eine aufrechte Körperhaltung die Wachheit. Wenn Sie bemerken, dass Sie eingesunken sind, richten Sie sich wieder auf. Lassen Sie Ihre Augen beim Meditieren geöffnet mit einem weichen Blick vor sich auf dem Boden ruhen. Sollten Sie trotzdem müde werden, heben Sie den Blick und richten Sie ihn geradeaus vor sich auf die gegenüberliegende Wand. Sobald Sie sich frischer fühlen, senken Sie Ihren Blick wieder in einem Winkel von zwei bis drei Metern vor sich auf den Boden ab. Achten Sie ebenfalls darauf, dass Sie nicht unbedingt nach einer Mahlzeit meditieren, denn dann sind Müdigkeit und Trägheit vorprogrammiert. Es ist grundsätzlich hilfreich, auf den eigenen Biorhythmus zu achten. Finden Sie Ihre persönlichen Meditationszeiten heraus. Für manche Menschen ist der frühe Morgen wie geschaffen zum Meditieren, andere würden sich nur quälen. Wenn Sie, obwohl Sie eigentlich kein Morgenmensch sind, trotzdem gerne morgens meditieren, vielleicht, weil es einfach besser in Ihren Tagesablauf passt, dann schauen Sie einmal, ob es Ihnen besser geht, wenn Sie erst einen Tee oder Kaffee zu sich genommen haben. Vielleicht hilft Ihnen auch eine Dusche.

- Finden Sie die Gründe für Ihre Schläfrigkeit oder Dumpfheit heraus. Betrachten Sie diese Phänomene achtsam. Haben Sie genug geschlafen, oder sind Sie vielleicht sehr müde und erschöpft vom Tag? Wenn Sie sehr müde sind, schauen Sie, ob es möglich ist, trotzdem in entspannter Aufmerksamkeit zu sitzen, ohne dabei einzuschlafen.
- Um zu bemerken, dass Sie einschlafen, finden Sie heraus, woran sich Schläfrigkeit oder Dumpfheit bemerkbar machen. Was verändert sich, wenn Sie schläfrig oder dumpf werden? Wie verändern sich Gedanken oder Gefühle? Welche Bilder entstehen? Welche Körperempfindungen treten auf? Dies alles sind Signale, die uns zeigen, was passiert. Wenn wir diese Zeichen wahrnehmen und unsere Bewusstheit hierfür schulen können, ist dies der erste Schritt, um unsere Aufmerksamkeit auch in diesen Situationen aufrechterhalten zu können. Um eingreifen zu können, muss ich erst einmal wissen, was überhaupt passiert.
- Sie sind hellwach, doch sobald Sie sich zur Meditation hinsetzen,

werden Sie schläfrig oder dumpf. Versuchen Sie, achtsam wahrzunehmen, was diese Schläfrigkeit oder auch Dumpfheit auslöst. Gibt es etwas, was Sie nicht sehen wollen? Ist es für Ihren Geist vielleicht unbequem, sich mit den Dingen auseinanderzusetzen? Fühlen Sie sich entspannt, und setzen Ihr Körper und Ihr Geist Entspannung mit Schlaf gleich? In beiden Fällen hilft es, die Aufmerksamkeit zu halten. Versuchen Sie, der süßen Verlockung des Schlafes zu widerstehen. Sobald Sie merken, dass Sie abschweifen, dösig werden, nicht mehr so ganz hier sind oder sich vielleicht sogar Traumbilder und traumgleiche Gedanken in Ihre Aufmerksamkeit schleichen, kehren Sie wieder zum Atem zurück und halten Sie die Aufmerksamkeit mit liebevoller Disziplin. Sie brauchen im Umgang mit Schläfrigkeit und Dumpfheit viel Disziplin. Es gibt in Schläfrigkeit und Dumpfheit nur einen Weg: den Weg da durch! Dieses Halten der Aufmerksamkeit mit liebevoller Disziplin fühlt sich manchmal an wie ein Tanz auf Messers Schneide. Es ist nur ein schmaler Grat, der Tanz zwischen Wachsein und Schlafen; man merkt, dass man wegdriftet, und holt sich bewusst wieder in die Wachheit zurück, immer und immer wieder. Es ist ein hartes Training, zeitigt aber die Wirkung, dass sich die Konditionierung des Wegdriftens, Flüchtens und Einschlafens und auch das Hemmnis der Schläfrigkeit mit der Zeit auflösen.

Gedanken

Ziel der Achtsamkeits-Meditation ist es nicht, keine Gedanken mehr zu haben, denn das wird nicht funktionieren. Es geht auch nicht darum, die Gedanken abzuschießen wie in einem Computerspiel oder sie zu verscheuchen. Dies alles würde die Aktivität unseres Geistes nur anfeuern. Lassen Sie die Gedanken stattdessen einfach da sein und als vergängliche Phänomene vorbeiziehen, nehmen Sie sie unbewertet wahr und bleiben Sie mit Ihrer Aufmerksamkeit im Atem verankert. Gedanken an sich sind kein Drama, unser Haften an ihnen und die daraus folgende Produktion von Gedankenketten sind das Problem. Gedankenketten werden durch unser Kleben an Gedanken genährt. Wenn Sie also Ihr Greifen nach Gedanken immer wieder lockern, werden sie mit der Zeit ganz von selbst zur Ruhe kommen. Vergleichbar den Teeblättern in einem frisch aufgebrühten

Tee. Wenn wir aufhören, im Tee zu rühren, kommen die durcheinandergewirbelten Teeblätter mit der Zeit zur Ruhe, sinken nach unten auf den Boden des Teeglases, und der Tee wird klar und trinkbar.

Gedanken werden immer da sein, solange wir leben. Sie sind natürliche Bewegungen unseres Geistes. So wie Wasser immer in Bewegung ist, ist auch unser Geist in Bewegung. Und so wie Gedanken Ausdruck der Bewegungen des Geistes sind, so sind Wellen die Bewegungen des Meeres. Das eine ist vom anderen nicht getrennt. Normalerweise sehen wir unsere Gedankenwellen als etwas vom Geist Getrenntes, vielleicht sogar als etwas, das es zu bekämpfen gilt. Dabei vergessen wir, dass sie nur die Bewegungen der Oberfläche des weiten Ozeans unseres Geistes sind und dass es seine Natur ist, sich zu bewegen. Es läuft also nichts schief und es besteht kein Grund zur Beunruhigung. In der Meditation nehmen wir die Wellen wahr, ohne uns von ihnen faszinieren zu lassen – große Gedankenwellen, kleine Gedankenwellen, unser Geist bewegt sich, wie es seiner Natur entspricht. Das ist alles. Wir sitzen und atmen, unbeeindruckt vom Seegang. Würden wir jedoch nun mit Selbstgesprächen anfangen und uns Sorgen über den Seegang machen, bringen wir alles nur noch mehr in Bewegung. Bleiben wir mit den Wellen sitzen, ohne Kommentar, ohne an ihnen zu kleben, dann kommen die Wellen irgendwann ganz von selbst zur Ruhe. Nehmen Sie die Gedankenwellen als willkommene Übungsobjekte für die Schulung der Achtsamkeit. Ohne diese Gedanken könnten Sie Ihre Achtsamkeit nicht entwickeln, ja es ist sogar destruktiv für Ihre Achtsamkeitsmeditation, Gedanken verdrängen und einen gedankenfreien Raum erschaffen zu wollen. Dies würde nur die sowieso bereits bestens geschulte Tendenz des Ausweichens, Manipulierens und der Dumpfheit trainieren, jedoch keine Achtsamkeit. Der Schlüssel zum Erfolg ist, sich weder in den auftauchenden Gedanken zu verstricken und aus ihnen Gedankenketten zu bilden, noch sie zu verdrängen. Lassen Sie sie einfach vorüberziehen, und entspannen Sie Ihren Geist, indem Sie aufhören zu greifen. Kultivieren Sie einen wahren »Teflon-Geist«, der an nichts kleben bleibt. Nichts ist entspannender, als aufzuhören, sich mit allem und jedem beschäftigen zu müssen. Dann kann endlich auf einer ganz tiefen Ebene Ruhe einkehren.

Doch manchmal will es uns einfach nicht gelingen, von bestimmten Gedanken Abstand zu gewinnen. Immer wieder tauchen sie in unserem Geist auf und scheinen in ihrer Intensität auch noch zuzunehmen. Meistens sind dies Gedanken, die eine wichtige Rolle für uns spielen.

Je entschiedener wir versuchen, gegen sie anzukämpfen, desto mehr verstärken wir sie. Je mehr wir etwas nicht wollen, umso intensiver konzentriert sich unsere Wahrnehmung auf diese Dinge, und sie manifestieren sich nur noch stärker. Ohne dass wir es wirklich wollen, kleben wir an den Gedanken fest, sind immer angespannter, was die Aktivität unserer Gedanken wiederum noch weiter anstachelt. Die Schlinge um unseren Hals zieht sich immer fester zu, obwohl wir genau das vermeiden wollten. Es ist eine alte Gewohnheit von uns, die wir jahre- oder sogar jahrzehntelang trainiert haben. In jeder erdenklichen Situation spielen wir mit Gedanken und üben so das Festhalten an ihnen und das Grübeln. Zum Glück ist dies ein sehr bekanntes Thema unter Meditierenden, und im Laufe der Zeit wurden zahlreiche Techniken entwickelt, die uns in genau solchen Situationen helfen können, unsere Konzentration, unsere

Achtsamkeit wieder herzustellen und das Loslösen von Gedanken zu unterstützen. Diese Techniken sind als Krücken zu verstehen. Sie erleichtern uns den Weg, solange wir sie brauchen, doch danach sollten wir sie wieder beiseitelegen:

Das Zählen

Lenken Sie Ihre Aufmerksamkeit ganz bewusst von den Gedanken weg auf das Zählen der Atemzüge. Sie schaffen so eine aktive Loslösung. Beginnen Sie, Ihre Atemzüge zu zählen. Zählen Sie ganz bewusst fünf Atemzüge, und beginnen Sie dann wieder von Neuem. Sollten Sie bemerken, dass Sie bereits weitergezählt haben als fünf oder Ihre Aufmerksamkeit sich schon wieder auf andere Dinge gerichtet hat, bringen Sie sich bewusst zurück zum Zählen Ihrer Atemzüge, und beginnen Sie wieder bei der Zahl Eins. Auch hier gibt es verschiedene Möglichkeiten. Einatmend sagen Sie innerlich »eins«, ausatmend sagen Sie innerlich »eins«. Einatmend sagen Sie innerlich »zwei«, ausatmend sagen Sie innerlich »zwei« und so weiter. Sie können auch nur den Einatem oder nur den Ausatem zählen.

Wichtig ist nur, dass Sie merken, wenn Sie abschweifen, und dann zum Zählen Ihrer Atemzüge wieder zurückkehren, beginnend bei eins. Wenn Sie merken, dass Sie die Konzentration wiedererlangt haben, können Sie mit dem Zählen aufhören und Ihre Aufmerksamkeit schlicht auf Ihrem Atem ruhen lassen.

Das Benennen

Eine weitere Möglichkeit ist, den Einatem und den Ausatem zu benennen. Sie atmen ein und sagen innerlich »Einatem«. Sie atmen aus und sagen innerlich »Ausatem«. So bringen Sie Ihre Aufmerksamkeit klarer wieder zu Ihrer Atmung zurück. Sobald Sie merken, dass Ihre Aufmerksamkeit stabil geworden ist, hören Sie damit auf und lassen die Aufmerksamkeit wieder auf Ihrem Atem ruhen.

Bewusst tiefes Atmen

Tiefe, bewusste Atemzüge können uns wieder in Kontakt mit dem jeweiligen Moment und mit unserer Atmung bringen. Ziehen Sie für ein paar Atemzüge die Luft tief und schnell in Ihre Lungen ein, und stoßen Sie sie genauso wieder aus. Die Atemwahrnehmung verstärkt sich dadurch, da das Gefühl durch die schnell einfließende Luft intensiviert wird. Konzentrieren Sie sich auf die Wahrnehmung und Ihre Aufmerksamkeit wird sich ganz natürlich wieder bei Ihrer Atmung einfinden. Fahren Sie dann mit Ihrer Meditation fort. Dies hilft übrigens auch bei Schläfrigkeit.

Zweifel

Manchmal tauchen auch Zweifel in uns auf. Wir zweifeln vielleicht an unserer Fähigkeit zu meditieren, zweifeln daran, ob dies wirklich der für uns richtige Weg ist oder ob Achtsamkeit wirklich funktioniert usw. Zweifel ist ein Hemmnis. Er kann uns umtreiben und uns von Erkenntnissen und sogar von unserer Meditationspraxis abhalten, wenn wir uns ihm hingeben. Zweifeln ist ein quälendes Gefühl, etwa so, als würden sich Türen vor uns verschließen, die wir eigentlich für geöffnet hielten. Doch sie schließen sich nicht einfach so, wir selbst schließen diese Türen durch unser Zweifeln.

Allerdings steckt auch eine besondere Qualität im Zweifel: der Forschergeist. Der Forschergeist bringt uns auf dem Weg weiter voran. Mit dem Forschergeist öffnen sich die Türen wieder. Wenn sich also Zweifel in uns meldet, geht es erst einmal darum, ihn unvoreingenommen und achtsam wahrzunehmen. Vielleicht sind wir an einem Punkt angelangt, wo es für uns in der Meditation schwierig wird. Vielleicht sehen wir, dass wir Schritte gehen müssen, zu denen wir im Augenblick noch nicht bereit sind. Vielleicht stagniert unser Entwicklungsprozess, und wir zweifeln daran, ob wir alles richtig gemacht haben. Und das ist gesund! Hier hilft beispielsweise ein Gespräch mit einem Lehrer, einer Lehrerin oder auch mit fortgeschrittenen Praktizierenden. Klären Sie Ihre Fragen.

Mit dem Forschergeist können wir uns selbst fragen, was diesen Zweifel in uns auslöst. Wie fühlt sich Zweifeln an? Was muss geschehen, damit dieser Zweifel sich auflöst? Woran würde ich erkennen, dass er sich aufgelöst hat? Was wäre der erste Schritt auf dem Weg der Auflösung?

Es geht gar nicht darum, *gegen* den Zweifel, sondern vielmehr *mit* ihm zu arbeiten, ohne uns jedoch von ihm mitreißen zu lassen. Wenn wir *gegen* etwas arbeiten, bedeutet dies immer eine Ablehnung der Situation und auch eine Ablehnung unserer Person. Ein »Mit-dem-Zweifel-Sein«, ohne dass wir vollkommen im Zweifel aufgehen, ist eine schwierige, aber heilsame Gratwanderung. Wir sind im Kontakt mit uns, sind uns des Zweifels bewusst, akzeptieren den Zustand, ohne uns darin zu verfangen. So bleiben wir handlungsfähig und offen für die Erkenntnisse, die sich aus der Situation heraus dank der Achtsamkeit einstellen können. Ein Zweifel zeigt mit dem Finger darauf, wo wir uns vielleicht überfordern, etwas nicht verstanden haben, in den Widerstand gehen. Er weist uns auf etwas hin, das wir uns noch etwas genauer anschauen sollten.

Also, was müssen Sie sich noch genauer anschauen? Was erregt Ihren Widerstand? Wo stecken Sie fest? Was haben Sie vielleicht übersehen? Was passiert, wenn Sie zum Forscher, zur Forscherin werden? Bleibt der Zweifel, oder löst er sich auf?

Enttäuschung/Festhalten an Meditationserfahrungen

So manch einer, der mit Meditation beginnt, erwartet irgendetwas Spektakuläres, selige Zustände oder zumindest tiefe Ruhe. Es ist eine Erwartungshaltung da. Doch diese Erwartungshaltung wird in den seltensten Fällen erfüllt. Vielleicht war unsere gestrige Meditation großartig, voller Wonne und Klarheit. Mit dieser Erwartung, dass wir schon *»so weit gekommen sind«*, setzen wir uns am heutigen Tage wieder zur Meditation hin. Und? Es passiert nichts. Das großartige Gefühl von gestern will sich einfach nicht einstellen, obwohl wir uns so viel Mühe geben. Wir beginnen, Meditation regelrecht zu *machen,* rutschen auf dem Kissen hin und her, überprüfen unsere Gedanken, unseren Atem, zweifeln vielleicht an unserer Fähigkeit zu meditieren. Statt des großartigen Gefühls von gestern machen sich Frust und das Gefühl, versagt zu haben, breit. Wir reagieren enttäuscht. Doch Meditation ist etwas, was nicht gemacht werden kann, sondern einfach geschieht. Es entzieht sich vollkommen unserem Willen. Betrachten wir das Wort »Ent-täuschung«, dann wird klar, dass Enttäuschung ein heilsamer Zustand ist, denn unsere Täuschung wird aufgehoben, und damit beginnen wir wieder, die Dinge so zu sehen, wie sie wirklich sind.

Bringen Sie Offenheit und Frische in Ihre Meditation – durch Entspannung, Neugier und Anfängergeist. Das ist das beste Mittel gegen Enttäuschung. Setzen Sie sich wie ein Kind zur Meditation nieder, neugierig und offen für alles, was passieren mag, ganz gleich, ob angenehm oder unangenehm. Lassen Sie alle Spannung aus Ihrem Körper fließen, lösen Sie Ihren Geist geduldig, entspannt und in heiterer Gelassenheit immer wieder von den aufkommenden Gedanken und bleiben Sie aufmerksam, offen und unvoreingenommen. Dann entfaltet sich Ihre Meditation ganz von alleine, vollkommen anstrengungslos und natürlich.

Angst

Manchmal taucht während der Meditation Angst auf. Angst vor irgendetwas. Meist ist sie gar nicht klar zu definieren. Wir sitzen, und es passiert eigentlich nichts Spektakuläres in unserer Meditation, doch auf einmal macht sich Angst bemerkbar. Ein unruhiges Gefühl beschleicht uns, das Herz klopft, wir beginnen vielleicht zu schwitzen, und die Atmung wird schneller. Meist haben wir dann das Bedürfnis, die Meditation möglichst sofort zu beenden, denn irgendetwas stimmt nicht. In dieser Situation liegt aber eine große Chance. Angst taucht meistens dann auf, wenn wir eine neue Ebene der Meditation erreichen. Angst ist ein natürlicher Schutzmechanismus, nicht mehr und nicht weniger, und sollte von uns nicht überbewertet werden. Es geht nicht darum, die Angst zu vermeiden, sondern sie als das, was sie ist, anzuerkennen. Insbesondere wenn wir sehr sicherheits- und kontrollbedürftige Menschen sind und immer meinen, alles im Griff haben zu müssen, wirft uns die Angst schnell aus der Bahn. Es ist die Angst vor dem Unbekannten, die Angst vor dem Verlust der Kontrolle über uns und unsere Meditation. Meditation lässt sich aber nicht kontrollieren oder über unseren Willen steuern. Loslassen ist hier das Gegenmittel. Angst ist Festhalten an einem vermeintlichen Boden, an einer vermeintlichen Sicherheit, die es in der Meditation nicht gibt. An dem Punkt, an dem Angst auf den Plan tritt, wird es interessant. Wenn Sie dann die Meditation abbrechen, verpassen Sie die Chance, mit dieser Situation Frieden zu schließen, bei sich zu bleiben und tiefer in die Meditation einzutauchen. Wie kann man lernen, mit dieser Angst umzugehen? Es ist nicht ganz leicht, wie alle Entwicklungsschritte auf dem Weg, doch es ist möglich. Folgende Empfehlungen können hilfreich sein:

- Lernen Sie die Angst kennen. Woran erkennen Sie die Angst? Durch welche Symptome macht sie sich bemerkbar? Wodurch wird sie genährt? Was entzieht ihr die Nahrung? Wie wird die Qualität der Gedanken von der Angst beeinflusst? Sie brauchen für die Fragen wieder die achtsame Haltung des vorurteilsfreien Beobachters und der objektiven Forscherin. Bemerken Sie Ihre Impulse, die Angst loszuwerden, ihr zu entfliehen, und widerstehen Sie, ihnen zu folgen. Beobachten Sie, was passiert.
- Was auch immer passiert, bleiben Sie bei sich. Wenn Sie Angst haben und fluchtartig den Meditationsplatz verlassen, verlassen Sie sich strenggenommen selbst. Doch hier brauchen Sie sich selbst aber am meisten. Bei sich zu bleiben und nicht zu flüchten bedeutet nichts anderes, als sich selbst der beste Freund, die beste

Freundin zu sein und sich selbst die Hand zu halten. Widerstehen Sie der Verlockung, sich von der Angst mitreißen zu lassen. Sie können sich stabilisieren, indem Sie sich auf Ihren Atem oder, wenn Ihr Atem Ihnen Sorge bereitet, da er zu schnell oder zu kurz oder zu unregelmäßig geworden ist, auf das Zentrum Ihres Körpers, auf Ihren Bauch konzentrieren. Bleiben Sie bei den Empfindungen Ihres Bauches, legen Sie sich zur Unterstützung die Hand auf den Bauch, bis Sie sich wieder stabiler fühlen.

- Betrachten Sie die Vergänglichkeit der Phänomene. Hat die Angst eine Dynamik? Verändert sie sich, oder bleibt sie gleich? Kommt sie in Wellen oder ist sie konstant?
- Was passiert, wenn Sie die Angst da sein lassen, ohne etwas zu verändern, zu tun, auf sie aktiv zu reagieren. Was passiert, wenn Sie beginnen, sich trotz der Angst in die Bodenlosigkeit der Nicht-Kontrolle hinein zu entspannen?

Langeweile

Bisweilen kann Meditation ganz schön langweilig werden. Da sitzen wir nun und hätten doch eigentlich so viel anderes zu erledigen. Der Atem fließt ein und aus, wie er soll, und das erscheint einem nicht gerade besonders spannend. Darüber hinaus fühlt sich unsere Meditation vielleicht auch nicht besonders spektakulär an. Nichts passiert, die Zeit verrinnt zäh und scheint sich gegen uns verschworen zu haben. Kurz, uns ist so richtig langweilig.

Langeweile wird fälschlicherweise oft mit Entspannung gleichgesetzt. Dabei ist sie, wenn man sich genauer mit ihr beschäftigt, alles andere als ein entspannter Zustand. Vielmehr ist sie pure Anspannung und Ablehnung des Zustandes JETZT. Hier äußert sich unsere Gier nach Neuem, unsere Umtriebigkeit, unser Suchen nach dem nächsten Kick und die Nichtakzeptanz – unsere mangelnde Bereitschaft, uns mit der Qualität des Augenblicks zu befassen.

Wir haben verschiedene Möglichkeiten, mit dieser für uns langweiligen Situation umzugehen:

- Wir können die Langeweile selbst zu unserem Meditationsobjekt machen. Wie fühlt sich Langeweile an? Wo kann ich sie wahrnehmen? Welche Gedanken und auch Gefühlstönungen ziehen die Langeweile an? Durch welche Faktoren wird Langeweile bedingt und begünstigt? Wodurch endet Langeweile? Wenn Langeweile bedeutet, den gegenwärtigen Moment abzulehnen, was passiert, wenn Sie sich bewusst auf den Moment einlassen?
- Andererseits kann es auch sehr interessant sein, mit der Langeweile einmal wertneutral und annehmend zu sitzen und zu betrachten, was passiert, wenn man auf sie nicht mit Aktivität, sei es gedanklich oder konkret handelnd reagiert. Bleibt das Gefühl der Langeweile gleich oder verändert es sich?
- Entspannung ist das Gegenmittel zu Anspannung und damit auch zu Langeweile. Wenn man in sich Langeweile spürt, ist dies ein sicheres Zeichen für Anspannung im Geist. Diese Anspannung macht sich meist auch körperlich, zum Beispiel durch angespannte Körperpartien und Schmerzen bemerkbar. Entspannen wir unseren Körper bewusst, so folgt ihm meist nach einiger Zeit auch der Geist. Wir können hierfür unseren Ausatem benutzen, indem

wir die Spannung der Muskulatur mit jedem Ausatmen bewusst nach und nach lösen und dem Körper die Erlaubnis geben, loszulassen und weicher zu werden.

Unruhe/Ungeduld

Manchmal meditieren wir und sind überrascht, dass sich statt der erwarteten meditativen Ruhe quälende Unruhe einstellt. Verfallen Sie nicht in Panik. Gehen Sie pragmatisch vor:

Vielleicht meditieren Sie am Abend, und Ihr Körper kann endlich nach einem hektischen Tag zur Ruhe kommen. Nun zeigt sich erst einmal, wie viel Spannung sich über den Tag hinweg im Körper aufgebaut und angesammelt hat. Das ist Ihnen vielleicht gar nicht so aufgefallen, da Sie dauernd in Bewegung waren. Möglicherweise beginnt es in Ihren Beinen unangenehm zu kribbeln, oder Sie können nicht still sitzen bleiben, und der Geist springt wie verrückt hin und her. Es ist ganz normal, dass Ihr Körper und Geist der Unruhe Ausdruck verleihen. Sie haben noch die vielen Eindrücke des Tages zu verarbeiten. Selbst wenn Sie am Morgen meditieren, kann es sein, dass Sie diese Unruhe in sich spüren, trotz einer erholsamen Nacht. Die Muskulatur spannt sich an, und die Gedanken spielen mit den kommenden Dingen des Tages Pingpong. Was ist zu tun?

- Springen Sie auf keinen Fall auf und geben so der Unruhe nach. Bleiben Sie sitzen, und praktizieren Sie aktives Nichtstun. So gewinnen Sie Autonomie.
- Vermeiden Sie es, gegen dieses Gefühl der Unruhe anzukämpfen. Erlauben Sie sich stattdessen, dass es da sein darf, genau so, wie es ist. Beobachten Sie, ob die Unruhe sich verändert, wenn Sie ausnahmsweise einmal nichts tun, um sie zum Verschwinden zu bringen. Versuchen Sie, mit einer größtmöglichen Offenheit gegenüber dem Unruhegefühl und den Phänomenen, die es in Ihrem Körper und Geist hervorruft, zu sein.
- Versuchen Sie zu ergründen, was das Gefühl anheizt und was ihm im Gegensatz dazu die Nahrung entzieht. Nehmen Sie aktiv die Position des vorurteilsfreien Beobachters ein. Zentrieren Sie sich mit Hilfe des Atems. Schauen Sie, was passiert, wenn Sie Ihre

Aufmerksamkeit immer wieder von den Gedanken weg ganz sanft und entspannt, aber diszipliniert zurück zum Atem lenken.

Unruhe und Ungeduld sind stark verwandt mit der Langeweile und dem Wunsch nach Beschäftigung des Geistes. Und das ist genau der Mechanismus, der uns in unserem Leben dauernd umtreibt und unser Konsumverhalten anheizt. Beobachten Sie sich. Ist es der Wille nach mehr, nach etwas anderem, nach Beschäftigung? Was steckt dahinter? Manchmal verhindert dieser Drang nach Beschäftigung, nach immer Neuem, dass wir uns tatsächlich mal mit den wirklich wichtigen und wesentlichen Dingen unseres Lebens auseinandersetzen. Bleiben Sie sitzen, und schauen Sie aufmerksam. Wovor laufen Sie weg? Die Erkenntnisse, die wir in solchen Momenten gewinnen, sind häufig wichtige Schlüssel für unser Leben. Wenn Sie aufspringen und weglaufen, werden sie Ihnen entgehen.

Schmerzen/Körperempfindungen

Wenn Schmerzen und unangenehme Körperempfindungen während unserer Meditation oder auch im Alltag auftauchen, können wir dies als Chance nutzen, mit widrigen Umständen umgehen zu lernen. Jeder Moment Schmerz und Unbehagen in der Meditation schult unsere Fähigkeit, die Rolle des wertneutralen Beobachters einzunehmen, die Dinge wahrzunehmen, wie sie sind, anstatt uns im Leid zu verstricken oder mit Aktionismus und Flucht zu reagieren. Durch die Achtsamkeit können wir diese Impulse der Verstrickung und des Aktionismus wahrnehmen und die Fähigkeit entwickeln, dem Drang zu widerstehen, diesen Impulsen zu folgen. So haben wir vielleicht zum ersten Mal in unserem Leben die Wahl, Dinge bewusst zu tun oder zu lassen. Und das nicht nur in Momenten des körperlichen Schmerzes, sondern auch in allen anderen schwierigen Situationen unseres Lebens. Wir bekommen einen Einblick in unsere reaktiven Muster, unsere Konditionierungen, Gewohnheiten, Vermeidungsstrategien und Ängste und können so beginnen, uns weiterzuentwickeln – in unserem eigenen Maß und im Rahmen dessen, wozu wir im jeweiligen Moment fähig sind. Wir brauchen uns nicht zu überfordern. Im Umgang mit Schmerz und unangenehmen Körperempfindungen helfen uns Achtsamkeit, Präzision, liebevolle Disziplin und Mitgefühl.

- Achten Sie grundsätzlich erst einmal auf eine gute Sitzhaltung. Manche Schmerzen, insbesondere Rückenschmerzen, lassen sich auf eine ungünstige Sitzposition zurückführen und vermeiden. Sie brauchen sich nicht unnötig zu quälen. Je günstiger die Ausgangsposition ist, desto leichter fällt das Meditieren. Ob Sie auf einem Stuhl, Bänkchen oder Meditationskissen sitzen, ist gleich. Wichtig ist bei allen Sitzhaltungen, dass Sie das Becken etwas nach vorne kippen können, denn dann richtet sich Ihre Wirbelsäule automatisch und ohne Muskelanstrengung gerade auf. Auf einem Stuhl klappt das am besten, wenn Sie sich mit dem Gesäß wirklich vorne auf die Kante der Sitzfläche setzen. Sollten Sie allerdings einen sehr angestrengten Rücken haben oder sehr erschöpft sein, können Sie sich auch anlehnen. Achten Sie aber darauf, dass Sie wirklich gerade sitzen und sich nicht wie ein »Schluck Wasser in der Kurve« auf dem Stuhl lümmeln. Auf einem Meditationskissen hilft es, sich etwas erhöhter zu setzen. Viele sitzen zu niedrig. Versuchen Sie einmal, sich höher zu setzen, beispielsweise indem Sie noch eine gefaltete Decke unter das Meditationskissen legen, dann kippt das Becken auch leichter nach vorne. Eingeschlafene Beine und Schmerzen im Rücken und Schulterbereich können so oftmals reduziert werden. Manchmal verschwinden sie sogar ganz.

- Wenn sich trotz guter Sitzposition Schmerzen bemerkbar machen, versuchen Sie, die Haltung des vorurteilsfreien Beobachters einzunehmen, der lediglich registriert, was passiert. Nehmen Sie achtsam alle aufkommenden Impulse wahr, seien es Gedanken, Bewertungen, Ängste und Handlungswünsche, wie beispielsweise sich bewegen zu wollen. Nehmen Sie sie wahr, ohne auf sie aktiv zu reagieren. Versuchen Sie, mit der unangenehmen Empfindung zu sein, ohne sie abzulehnen oder gegen sie anzukämpfen. Beobachten Sie, was passiert, wenn Sie nichts tun und sich stattdessen nur Ihrem Atem zuwenden und weiter mit sich und der Körperempfindung sitzen. Erforschen Sie, was geschieht, wenn Sie sich gegen den Schmerz stellen, und was geschieht, wenn Sie mit dem Schmerz sind. Was macht Schmerz aus und wie entsteht das Leiden am Schmerz? Wodurch hört das Leiden auf, ohne dass vielleicht der Schmerz aufhört? Hat dies Auswirkungen auf die Stärke des Schmerzes?

- Eine andere Möglichkeit ist es, die eigene Position vorsichtig und achtsam so weit zu verändern, bis der Schmerz nachlässt. Nehmen Sie dabei Ihren Bewegungsimpuls achtsam wahr und fällen Sie dann ganz bewusst die Entscheidung, Ihre Position zu verändern. So bleiben Sie in der Achtsamkeit verankert und geben sich nicht Ihrem üblichen reaktiven und gewohnheitsmäßigen Handeln hin. Allerdings sollte diese Änderung möglichst klein und einmalig geschehen. Wenn Sie sich dauernd umsetzen, wird es Ihnen nicht möglich sein, zur Ruhe zu kommen, da Sie nur damit beschäftigt sind, dem Schmerz zu entgehen und eine andere, schmerzfreie Position einzunehmen. Hier kommt übrigens ein nicht zu unterschätzender Aspekt des Schmerzes ins Spiel: Beschäftigung. Es gibt einen sogenannten Meditationsschmerz, der symptomatisch immer nur dann auftaucht, wenn wir uns zum Meditieren hingesetzt haben. Dieser Schmerz kann uns ganz schön beschäftigen und uns wirklich von der Meditation abhalten, wenn wir ihm nachgeben. Er ist als unbewusster Widerstand gegen die Meditation zu sehen, als Festhalten an alten Gewohnheiten, an kuscheliger Gemütlichkeit und Trägheit. Und er verschwindet in der Regel, wenn wir ihm keine weitere Beachtung schenken. Ebenso das dauernde Kribbeln und Jucken, welches immer nur in Zeiten der Meditation auftaucht und sich immer neue Stellen sucht. Erst beginnt die Nase zu jucken, wir reiben; dann juckt es uns an der Wange, dann am Kopf, schließlich am Rücken und so weiter. Bald sind wir nur noch mit Kratzen und Reiben beschäftigt, ohne auch nur eine Minute meditiert zu haben. Widerstehen Sie dem Impuls zu kratzen, und das Jucken wird von selbst zur Ruhe kommen.

- Manchmal allerdings übersteigt es einfach unsere momentanen Fähigkeiten, mit den unangenehmen Körperempfindungen oder Schmerzen zu sitzen. Versuchen Sie in diesem Fall, sanft mit sich umzugehen und diesen Zustand liebevoll anzunehmen, ohne ein Drama daraus zu machen. Sorgen Sie für sich, so, wie Sie glauben, dass es Ihrer Situation am besten entspricht. Vielleicht machen

Sie eine Pause, und wenn es später für Sie stimmig erscheint, können Sie es ja noch einmal versuchen.

Mit Schmerzen und unangenehmen Gefühlen umgehen zu lernen bedeutet nicht, sich selbst zu quälen oder hart zu sich zu sein. Die Achtsamkeitsübung wird von einer sehr aufmerksamen, respektvollen, mitfühlenden und liebevollen inneren Haltung sich selbst gegenüber getragen. Nur so ist das Annehmen und Mit-dem-Schmerz-Sein wirklich authentisch und kann im Maß unserer jeweiligen Fähigkeiten gelingen.

Schwierige Emotionen

Manchmal werden wir in unserem Leben und in der Meditation von schwierigen Emotionen gequält, die sehr unterschiedlich ausfallen können. Es kann beispielsweise starke Wut auftauchen, quälende Eifersucht oder auch große Trauer. Manchmal waren diese Emotionen schon beim Aufwachen da, manchmal entwickeln sie sich langsam im Laufe der Meditationssitzung, und ein anderes Mal scheinen sie vom Himmel zu fallen und mit einer alles überschwemmenden Plötzlichkeit aus dem Nichts über uns hereinzubrechen. Wir fragen uns dann vielleicht, ob wir irgendetwas falsch gemacht, also nicht *richtig* meditiert haben. Es fühlt sich vielleicht an, als würde uns der Teppich unter den Füßen weggezogen, und wir scheinen in eine bodenlose Tiefe der Emotion zu fallen. Unsere Ruhe und Sicherheit sind dahin, und wir wollen unbedingt wieder Boden unter die Füße kriegen und das Gefühl der Kontrolle über unser Leben wiedererlangen. Also beginnen wir, die quälenden Emotionen weghaben zu wollen, damit wir wieder unsere Ruhe haben, und genau das gibt den Emotionen weiter Futter und lässt sie nur noch stärker werden.

Es geht bei aller Achtsamkeits- und Meditationspraxis nicht darum, uns an einen paradiesischen Ort zu meditieren, an dem auf wundersame Weise alles in Ordnung ist. Diesen Ort gibt es nicht. Der Glaube, dass sich irgendwo in unserem Leben dauerhaftes Glück finden und sich alle Probleme vermeiden ließen, ist ein Irrtum. Dieser Irrtum wird im Buddhismus *Samsara* genannt. Die Jagd nach dauerhaftem Glück ist ein Teufelskreis von Anhaftung und Ablehnung und ist die Ursache aller unserer quälenden Erfahrungen.

Die Achtsamkeit kann uns helfen, mit diesen heftigen Emotionen angemessen umzugehen und sie auf unserem Weg als Weisheitspotenzial zu integrieren und allmählich den Irrtum *Samsara* in unserem Leben aufzulösen. Das Gegenstück zu *Samsara* ist *Nirvana*. *Nirvana* ist kein »Buddha-Himmel« oder ein besonderer Ort, den es zu erreichen gilt, sondern es ist eine Art des Seins. Eine Art des Seins, durch die wir die Dinge sehen, wie sie sind, als auftauchende und vergehende Phänomene. Klar und mit sehr viel Weisheit, ohne an ihnen klebenzubleiben oder etwas anders haben zu wollen.

Emotionen tauchen auf, bleiben eine Weile und vergehen. Wir verfestigen sie, indem wir ihnen zu viel Aufmerksamkeit schenken, uns von ihnen hinreißen lassen, uns mit ihnen identifizieren (*ich bin wütend!*) und damit meistens noch viel größeres Unheil anrichten. Dann werden die Emotionen noch heftiger, und das Feuer kommt so richtig in Gang.

Emotionen gehören zu unserem menschlichen Leben dazu. Es läuft nichts falsch, wenn wir wütend, traurig oder sonst etwas sind. So, wie Gedanken in unserem Geist auftauchen, sind Emotionen nichts anderes als verdichtete Gedanken, also Bewegungen des Geistes, die körperliche Phänomene und Empfindungen hervorrufen. In der gleichen Weise, wie man mit Gedanken oder auch körperlichem Schmerz umgeht, kann man auch mit Emotionen umgehen.

Es ist wichtig, sie nicht zu verleugnen, da wir nur dann für uns sorgen können. Es ist jedoch genauso wichtig, ihnen nicht mehr Aufmerksamkeit zu schenken, als nötig. Beginnen Sie Ihre Emotionen zu erforschen:

- Wenn Emotionen im Geist auftauchen, versuchen Sie die Haltung des vorurteilsfreien Beobachters einzunehmen, der lediglich registriert, was passiert. Was ist es für eine Emotion? Wo in Ihrem Körper können Sie sie wahrnehmen? Bewegt sie sich in Ihrem Körper? Wie reagiert Ihre Muskulatur, was können Sie wahrnehmen? Nehmen Sie achtsam alle aufkommenden Impulse wahr, seien es Gedanken, Bewertungen, Ängste und Handlungswünsche, wie beispielsweise aufstehen, weglaufen oder angreifen zu wollen. Nehmen Sie sie nur wahr, ohne auf sie aktiv zu reagieren. Versuchen Sie, mit den unangenehmen Emotionen zu sein, ohne sie abzulehnen oder gegen sie anzukämpfen. Beobachten Sie, was passiert, wenn Sie nichts tun und sich stattdessen nur Ihrem Atem zuwenden und weiter mit sich und der Emotion sitzen. Erforschen Sie, was geschieht, wenn Sie sich gegen die Emotion stellen, und was geschieht, wenn Sie mit der Emotion in einer akzeptierenden Art und Weise sind. Was macht Emotionen aus, und wie entsteht das Leiden an den Emotionen? Wodurch hört das Leiden auf? Hat das Auswirkungen auf die Art und Weise der Emotion? Was war zuerst da, Gedanken oder die Emotion? Nehmen Sie wahr, wie die Emotion sich verändert, fließt. Verfestigen Sie sie nicht, sondern üben Sie sich in einem permanenten Loslassen und Raumgeben, und kommen Sie beständig immer wieder zurück zum Atem.

- Eine experimentelle Alternative, mit starken Emotionen umzugehen und sich ihrer Vergänglichkeit bewusst zu werden, habe ich in einem meiner ersten Retreats kennengelernt. Die Anweisung hieß: *Mach mal etwas anderes!* Ich saß friedlich auf meinem Kissen, alles war in bester Ordnung. Doch dann dachte ich an eine bestimmte Person und wurde auf einmal so wütend, dass ich vollkommen davon überwältigt wurde. Mir traten die Tränen in die Augen, ich rang nach Luft und hätte umgehend töten können. Ein großer Schwall an Energie durchströmte meinen ganzen Körper und drohte mich wegzuspülen. Erst einmal fühlte ich mich vollkommen hilflos. Ich versuchte, irgendwie bei meinem Atem zu bleiben. Es war sehr schwer. Dann erinnerte ich mich an die Anweisung, mal etwas anderes zu machen, und ich klatschte, einer spontanen Idee folgend, ein paarmal laut in die Hände. Das Energieniveau der Emotion sank unmittelbar, es war körperlich deutlich zu spüren. Kaum nährte ich die Emotion wieder durch die ursprünglichen Gedanken, die mir erneut durch den Kopf gingen, nahm die Wut zu. Ich klatschte in die Hände, der Level sank. Diese Erfahrung wurde mir zu einem Schlüssel für meine weitere Praxis und nahm den Emotionen ihren Schrecken:

- *Mach mal etwas anderes!*
- *Füttere die Emotion nicht mit Gedanken.*
- *Emotionen sind nichts Festes, so massiv sie sich auch anfühlen mögen.*
- *Sie sind vergänglich, ein Spiel des Geistes.*

- Manchmal allerdings ist es uns nicht möglich, mit den starken, uns überwältigenden Emotionen zu sein. Versuchen Sie, sanft mit sich umzugehen und dies liebevoll anzunehmen. Sorgen Sie für sich. Gehen Sie beispielsweise spazieren, schauen Sie in den Himmel oder weinen Sie, wenn Ihnen danach ist. Wenn es später für Sie stimmig erscheint, können Sie sich noch einmal zur Meditation niedersetzen.

Ehrgeiz/das Gefühl, sich festgefahren zu haben

Von Kindesbeinen an wurde vielen von uns eingebleut, doch nicht einfach nur so rumzusitzen und nichts zu tun. Stattdessen sollten wir die Zeit gut nutzen und etwas Sinnvolles tun. Diese Prägung tragen wir auch in die Meditation hinein und laufen damit Gefahr, dass unsere Meditation vollkommen verkrampft wird, besessen von dem Gedanken, es gut machen zu wollen und die Zeit, die wir uns genommen haben, wirklich zu nutzen. Statt Klarheit und Offenheit entstehen so Enge und Frust. Der Geist wehrt sich mit Müdigkeit, dauerndem Abschweifen, ja sogar mit Emotionen wie Wut und Verzweiflung. Wenn Sie merken, dass Sie an die Meditation genauso herangehen wie an ein Projekt, mit dem Ehrgeiz Ihren umherspringenden Geist besiegen und möglichst schnell (Zack, zack!) Ergebnisse haben zu wollen, dann könnte folgende Empfehlung für Sie – so absurd Sie Ihnen erscheinen mag – hilfreich sein: Geben Sie sich die Erlaubnis des Nichtstuns und auch der Nicht-Meditation. Meditieren Sie nicht, seien Sie einfach. Sitzen Sie einfach da, und schauen Sie zum Fenster hinaus. Geben Sie sich selbst Raum, nehmen Sie Kontakt auf zu dem Moment. Hüten Sie sich davor, den Raum zum Nachdenken oder Träumen zu nutzen. Sitzen Sie, atmen Sie und nehmen Sie ganz bewusst wahr, was gerade in diesem Moment gegenwärtig ist: Geräusche, Gerüche, Körperempfindungen. Entspannen Sie sich, es gibt jetzt nichts zu tun oder zu erreichen. Sie dürfen einfach so sein, wie Sie sind, in Ihrer ganzen Präsenz. Verweilen Sie in Gegenwärtigkeit. Wenn Sie merken, dass Sie nachdenken oder träumen, holen Sie sich wieder zurück in die Gegenwärtigkeit, bleiben Sie einfach präsent.

Ein ganzes Retreat lang übte ich Nicht-Meditation. Indem ich einfach auf meinem Bett saß und nichts tat. Ich meditierte nicht, aber ich achtete darauf, den Raum nicht zum Nachdenken zu nutzen, denn das wäre ja wieder Produktivität gewesen. So saß ich da, hörte, wie der Wind gegen das Fenster blies und der Regen an die Fensterscheibe prasselte, fühlte die Wärme der Teetasse in meiner Hand und sah das Zimmer, in dem ich saß, vollkommen bewusst, wach, ohne etwas zu tun. Immer wenn ich merkte, dass mein Geist sich mit etwas beschäftigen wollte wie Nachdenken oder Träumen, brachte ich mich wieder in dieses Zimmer zurück, hörte den Regen, den Wind, spürte die Wärme des Tees.

Indem wir präsent sind und im Augenblick bleiben und dem Drang widerstehen, uns den Gedankenschleifen hinzugeben, bekommt der Geist Raum, sich aus der Enge der Ansprüche und Gedanken zu befreien und gelangt in einen natürlichen Seinszustand zurück, der frei und fließend ist, einhergehend mit Gefühlen von stiller Freude, Kreativität und Gleichmut. Wenn wir aufhören, meditieren zu wollen, dann kann wirkliche Meditation entstehen.

Nachdem wir uns dem Umgang mit möglichen Schwierigkeiten in der Meditation gewidmet haben, deren Äquivalent wir auch in unserem Alltag erleben und auf ähnliche, vielleicht leicht modifizierte Art und Weise umgehen können, möchte ich nun mit Ihnen gemeinsam ein paar Lebensbereiche beleuchten und Sie damit inspirieren, die Achtsamkeit konkret vom Meditationsplatz in Ihr tägliches Leben zu tragen.

Achtsam leben und arbeiten

Achtsamer Alltag

Sie möchten mit Achtsamkeit beginnen, haben aber das Gefühl, überhaupt keine Zeit dafür zu haben? Dann bringen Sie die Achtsamkeit auf die »Spülstein-Ebene«:

Beginnen Sie, die ganz alltäglichen Dinge, denen Sie normalerweise keine Beachtung schenken, mit ungeteilter Aufmerksamkeit und voller Bewusstheit zu tun – Essen, Trinken, Zähneputzen, Schuhe zubinden, Duschen, Treppensteigen, einfach alles. So wird Ihr ganzes Leben von Achtsamkeit durchdrungen, und alles in Ihrem Alltag dient Ihnen als Übungsobjekt, an dem Sie in Ihrer Fähigkeit der Bewusstheit wachsen können. Nichts wird ausgeklammert, weder das Angenehme noch das Unangenehme. Alles ist Praxis. Sie brauchen sich dafür keine Extra-Zeit zu nehmen. Leben Sie einfach weiter wie bisher. Der einzige Unterschied: Tun Sie alles in voller Bewusstheit. Bleiben Sie mit Ihrer vollen Aufmerksamkeit bei Ihrer jeweiligen Tätigkeit. Immer! Wenn Sie Ihr Leben so gestalten, leben Sie ein vollkommen achtsames Leben.

Nehmen wir beispielsweise das Spülen. Sie müssen Ihre Tasse sowieso spülen? Großartig! Dies ist die Gelegenheit, Achtsamkeit im Alltag zu üben! Sie haben in Ihrem Leben grundsätzlich die Wahl: Sie können Dinge unbewusst oder bewusst tun. Sie können sich präsent in Ihr Leben einklinken oder sich durch Unbewusstheit aus Ihrem Leben ausklinken. Der Zeitaufwand ist der gleiche. Achtsamkeit zu praktizieren bedeutet nicht unbedingt, wie von vielen angenommen, Dinge langsamer zu machen. Wenn Sie möchten, können Sie Ihr Leben entschleunigen, Sie müssen es aber nicht. Ob Sie Dinge schnell machen oder langsam, entscheidend ist der Grad Ihrer Bewusstheit.

Bleiben wir beim Spülen der Tasse: Sie können die Tasse langsam, mit viel Zeiteinsatz spülen, vor sich hin träumend, ohne auch nur einen Funken Achtsamkeit. Genauso können Sie die Tasse schnell spülen, mit absoluter Präzision und voller Bewusstheit. Es mag allerdings sein, dass Sie merken, wie Ihnen Langsamkeit beim Bewusstwerden hilft, und Sie sich daraufhin entscheiden, Dinge einfach etwas langsamer als sonst zu erledigen.

Sich angemessen zu verhalten ist gelebte Achtsamkeit. In manchen Fällen ist es ein Zeichen von Achtsamkeit, sich bewusst für Langsamkeit zu entscheiden, in manchen für Schnelligkeit. Dem geht voraus, dass Sie sich bewusst werden, in welcher Situation Sie sich gerade befinden und daraufhin eine bewusste Entscheidung fällen. Hierzu benötigen Sie ein hohes Maß an Aufmerksamkeit, den Kontakt zu sich selbst und den Kontakt zu Ihrem Umfeld.

Jeden Moment unseres Lebens achtsam und voller Bewusstheit zu leben bedeutet, dass jeder Moment zu einer kostbaren Möglichkeit der Entwicklung auf unserem Weg zu mehr Klarheit und Wachheit wird. Wenn wir den ganzen Tag Achtsamkeit üben, brauchen wir keine Zeit mehr für zusätzliche Achtsamkeitspraxis, denn alles ist bereits zur Übung geworden.

Humor ist dabei sehr wichtig, denn beginnt man sich mit der Achtsamkeit zu beschäftigen, kann schnell der Eindruck entstehen, dass ab jetzt jeder Spaß aufhört. Da liest man Bücher, in denen steht, dass man vollkommen bei der Sache sein soll, in vollkommener Bewusstheit, vollkommener Achtsamkeit. Also beginnt man, die Dinge des täglichen Lebens besonders ernst zu nehmen, um sie »richtig« zu machen, um sie achtsam zu tun. Doch anstatt ein Gefühl von Leichtigkeit zu verspüren, von dem im Zusammenhang mit der Achtsamkeit oft zu lesen ist, wird alles immer schwerer, trockener und freudloser. Es mag der Eindruck entstehen, wir praktizierten nicht »richtig«. Also verdoppeln wir unsere Ernsthaftigkeit, mit dem Ergebnis, dass alles nur noch enger, schwerer und freudloser wird. Das ist die Sackgasse der Ernsthaftigkeit, hervorgerufen durch Festhalten. Durch unser Bestreben, alles richtig zu machen, vergessen wir das Loslassen, das Lösen von unserem Wollen. Humor ist da eine gute Gegenkraft. Humor löst unsere Kralle der Ernsthaftigkeit und hilft uns, Loslassen und Leichtigkeit zu kultivieren. Humor ist gleichermaßen die Frucht des Loslassens und der Achtsamkeit. Sie bedingen sich gegenseitig.

Je ernster wir etwas nehmen, desto mehr haften wir an diesen Dingen und umso größer ist ihr Einfluss auf uns. Humor schafft eine freudige Atmosphäre und setzt positive Energie frei. Humor nimmt sich selbst nicht so ernst. Wenn man die Gelegenheit hat, große spirituelle Meisterinnen und Meister kennenzulernen, kann man erleben, wie humorvoll sie oft sind. Sie wirken voller Freude und fast spielerisch, ohne den Respekt, ihr Mitgefühl, und die Präzision ihrer Wahrnehmung zu verlieren. Sie sind wahrhaft wach und im Kontakt und lassen zu, dass sich die Dinge in ihrer eigenen spielerischen Dynamik entwickeln, dass sie entstehen und wieder auseinandergehen, so, wie alles in diesem Universum spielerisch zusammenfindet, entsteht und sich wieder auflöst. Gerade wenn Sie ernsthaft daran interessiert sind, Achtsamkeit in Ihrem Leben zu etablieren, sollten Sie im gleichen Maße Humor kultivieren. Ihre Achtsamkeit wird in Leichtigkeit besser gedeihen.

Heilsamkeit und Achtsamkeit sind die Kennzeichen förderlichen Humors. Er sollte sich freudvoll, weich, herzlich, nährend und authentisch anfühlen. Vermeiden Sie Sarkasmus und jede Art von Witz/Ironie, der auf Kosten anderer geht, denn dies ruft in Ihnen und in den Menschen um Sie herum Irritationen und Störgefühle hervor, die meistens zu überflüssigen zwischenmenschlichen Problemen und Missverständnissen führen und sich hinderlich auf die Entwicklung von Achtsamkeit und Klarheit auswirken. Sarkasmus und Ironie sind nichts anderes als getarnte Aggressionen, die immer auf uns selbst zurückfallen. Statt Leichtigkeit, Offenheit und Klarheit werden durch sie Enge, Aggression und Dumpfheit genährt.

Entwickeln Sie also eine achtsame, heilsame und förderliche Art des Humors. Nehmen Sie bei sich selbst wahr, wie sich Ihr persönlicher Humor anfühlt. Wie wirkt es sich auf Sie aus, wenn Sie herzhaft lachen können, wenn Sie beginnen, sich selbst nicht mehr so wahnsinnig wichtig zu nehmen, wenn Sie anfangen, über sich selbst und mit anderen freundschaftlich zu lachen? Beginnen Sie, die Dinge von ihrer komischen Seite zu sehen, und beobachten Sie, wie sich das auf Ihre Wahrnehmung der Dinge und Ihre Kreativität, beispielsweise in der Lösungsfindung, auswirkt. Und wenn Sie merken, dass Sie sich selbst in eine Sackgasse manövriert haben, wagen Sie doch einfach mal das Experiment, genau darüber herzhaft zu lachen. Schauen Sie einfach, was passiert.

Arbeit

Achtsamkeit und Arbeit schließen sich nicht aus. Achtsamkeit ist nichts, was vor Ihrer Bürotür, Werkstatt, dem Zuhause oder wo auch immer Sie arbeiten, abzulegen ist. Sobald Sie beginnen, Achtsamkeit ernsthaft zu praktizieren, wird Ihr ganzes Leben von dieser Seinsweise durchdrungen. Es ist eine Lebenseinstellung. Der Bereich der Arbeit gehört dazu. Wie lassen sich Arbeit und Achtsamkeitspraxis miteinander verbinden? Folgende Anregungen können Ihnen helfen, Ihren Arbeitsalltag achtsam zu (er)leben:

- Beginnen Sie den Morgen schon mit einer kurzen Meditation. Dies schafft eine innere Ausrichtung auf die Achtsamkeit für den Tag, der vor Ihnen liegt.
- Planen Sie ausreichend Zeit für die Fahrt zum Arbeitsplatz ein, und schauen Sie, wie es Ihnen geht, wenn Sie sich ganz bewusst dafür entscheiden, etwas langsamer als sonst zu fahren, das Radio auf der Fahrt mal ausgeschaltet zu lassen und Ihren Arbeitsweg bewusst neu zu betrachten, als würden Sie diesen

Weg das erste Mal fahren, mit einer neugierigen und offenen inneren Haltung.

- Verbinden Sie sich an jeder roten Ampel mit Ihrem Atem. Spüren Sie ganz bewusst, wie er ein- und wieder ausströmt und wie Sie sich gerade fühlen. Versuchen Sie, dieses Gewahrsein zu bewahren.
- Machen Sie während der Arbeit alle anderthalb Stunden eine kleine Pause von drei bis fünf Minuten, nehmen Sie Abstand von dem, was Sie gerade tun, indem Sie aufstehen, sich einen Tee kochen oder aus dem Fenster schauen.
- Nehmen Sie zwischendurch immer mal wieder Kontakt zu sich selbst auf, und werden Sie sich Ihres Zustandes ganz bewusst. Sind Sie wach und konzentriert, müde oder dumpf, fühlen Sie sich gestresst oder entspannt? Wie geht es Ihrem Körper, ist er verkrampft oder locker? Zentrieren Sie sich und atmen Sie.
- Nehmen Sie wahr, wenn Sie etwas aus dem Gleichgewicht bringt. Was für Gedanken entstehen dann, wie fühlt sich Ihr Körper an, und was hilft Ihnen, das Gleichgewicht wiederzuerlangen?
- Üben Sie sich in Offenheit, und schauen Sie, was passiert, wenn

Sie sich von Ihrem Schubladendenken, Ihrem unreflektierten, automatisch ablaufenden Bewerten verabschieden.

- Rennen Sie während Ihrer Arbeit meist von einem Büro ins nächste? Verlangsamen Sie Ihren Schritt, und gehen Sie, anstatt zu rennen. Schauen Sie, wie sich das auf Ihr Gemüt auswirkt.
- Verabschieden Sie sich von Multitasking. Neuen neurologischen Erkenntnissen zufolge verarbeitet unser Hirn tatsächlich alle eingehenden Impulse nur nacheinander. Also arbeiten Sie gehirngerecht: Erledigen Sie die Dinge nacheinander, statt gleichzeitig.
- Versuchen Sie bei allem, was Sie tun, vollkommen präsent zu sein. Bemerken Sie, wenn Sie abschweifen, und bringen Sie sich sofort in die Präsenz des Augenblicks zurück.

Partnerschaft

Achtsamkeit kann helfen, unserer Beziehung mehr Tiefe und Echtheit zu verleihen. Sie vermag uns zu unterstützen, wirkliche Liebe und Mitgefühl zu entwickeln, die frei von jeglichem Selbstbezug sind. Es braucht viel Mut, sich wirklich auf eine Partnerschaft einzulassen. Denn dann haben wir nicht das Hintertürchen der schnellen Trennung, weil es mal wieder nicht gepasst hat. Schwierigkeiten meistern zu können ist das Fundament, auf dem stabile Partnerschaften stehen. Dazu brauchen wir viel Achtsamkeit. Das bedeutet auch, unseren Gewohnheiten des Flüchtens, Angreifens und der Rechtfertigung nicht mehr nachzugeben, sondern die Dinge so anzunehmen, wie sie wirklich sind. So können wir beginnen, uns in der Beziehung zueinander zu entwickeln.

Wenn wir in Kontakt mit unseren Ängsten und Befürchtungen, mit unseren Ausweichmanövern und Angriffstaktiken kommen, die nur dazu dienen, unseren inneren, weichen, verletzlichen Kern zu schützen, und zulassen können, dass dieser weiche Kern berührt werden darf, dann wird wahre Entwicklung möglich. Denn hier liegt unser wahrer Schatz: unsere Fähigkeit, mitfühlend und wahrhaft zu lieben. Wie Trungpa Rinpoche treffend sagte: »Ein gebrochenes Herz ist ein berührbares Herz. Es ist aufgebrochen und damit weich und berührbar geworden.«

So, wie wir einen Spiegel brauchen, um den Schmutz in unserem Gesicht zu erkennen, brauchen wir einen anderen Menschen, der uns auf die Punkte aufmerksam macht, an denen wir noch zu arbeiten haben.

Das Kultivieren von Liebe und Mitgefühl ist in diesem Zusammenhang besonders wichtig, denn sonst richten wir bei uns selbst und bei unserem Partner großen Schaden an. Das Entdecken von Schwächen und früheren Verletzungen sollte getragen sein von einem tiefen Annehmen, einer tiefen Akzeptanz der Person, die wir lieben. Es geht nicht um ein Bloßstellen, darum, uns unsere Schwächen gehässig unter die Nase zu reiben oder uns anschließend zu vergleichen, wer besser oder schlechter ist. Es geht um das bedingungslose Annehmen der Person, die wir lieben, und darum, sie zu lieben, wie sie ist. Sie darf sich entwickeln. Aber auch das ist ihr freigestellt und keine Bedingung.

Achtsamkeit in einer Beziehung zu leben heißt, unserem Zusammensein eine Bedeutung einzuräumen. Zeiten des Rückzugs gehören genauso dazu wie Zeiten des Zusammenseins. Wir lassen den anderen an unserer Entwicklung, an dem, was uns beschäftigt, teilhaben. Es ist oft eine Herausforderung, die richtigen Worte für innere Vorgänge zu finden, uns dem anderen verständlich zu machen.

Wie viele Paare sprechen nicht über das, was sie wirklich beschäftigt. Missverständnisse entstehen, und mit der Zeit entfernen sie sich voneinander – ungewollt. Viele Probleme in Partnerschaften ergeben sich aus Missverständnissen, gekränkter Eitelkeit und unerfüllbaren Erwartungen. Sich auf telepathische Fähigkeiten zu verlassen, nach dem Motto, »der andere wird schon wissen, wie es mir geht, er muss doch was merken«, reicht einfach nicht aus.

- Kommen Sie in Kontakt mit sich selbst, und beginnen Sie Worte für die Dinge zu finden, die Sie beschäftigen, und teilen Sie sich mit. Beginnen Sie, gemeinsame Zeiten des Austauschs und Miteinanderredens zu vereinbaren, vielleicht bei abendlichen Spaziergängen oder dem gemeinsamen Abendessen. Pflegen Sie Freundschaften, die Sie beide nähren und Ihnen Spaß bereiten. Finden Sie ein Hobby, dem Sie gemeinsam nachgehen, und eine andere Aktivität, die Sie alleine ausüben. So haben Sie etwas, worüber Sie sich zusätzlich austauschen können, etwas, das nicht mit Ihrer Arbeit, mit Problemen oder den Kindern zu tun hat, sondern nur mit Ihnen selbst. Finden Sie Zeiten des Alleinseins zum Auftanken und Zeiten der Gemeinsamkeit für Erlebnisse, Freude und Zärtlichkeit.

- Wenn Sie merken, dass eine Unstimmigkeit oder ein Missverständnis da ist, bereinigen Sie es sofort, bevor es größer wird. Achten Sie darauf, dass Situationen nicht eskalieren und konstruktiv und für beide Seiten zufriedenstellend gelöst werden können.
- Bemerken Sie, wenn Sie vorschnell bewerten und in ein Schubladendenken verfallen. Es ist hilfreich, sich stets der Eigenverantwortlichkeit bewusst zu sein; so können Schuldzuweisungen vermieden werden, und jeder kann aus der eigenen Position heraus zum Gelingen der Partnerschaft, dem Lösen von Konflikten und der Gestaltung des gemeinsamen Lebens beitragen.
- Partnerschaft bedeutet Kompromisse zu schließen, jedoch nicht um jeden Preis. Bleiben Sie in Kontakt mit Ihren Bedürfnissen, und überprüfen Sie, wie weit Sie gehen möchten, ohne sich selbst untreu zu werden. Vergewaltigen Sie sich nicht selbst, indem Sie Dinge nur um des lieben Friedens willen tun, denn das rächt sich auf die eine oder andere Weise. Sie werden sich wahrscheinlich ärgern und sich nicht wertgeschätzt fühlen, keine Freude emp-

finden und vielleicht später emotional unangemessen reagieren, sich möglicherweise zu Schuldzuweisungen hinreißen lassen oder sich selbst beschimpfen. Sollten Sie überlegen, einen Kompromiss einzugehen, der Ihre Grenzen vollkommen überschreitet, sprechen Sie darüber mit freundlichen und klaren Worten. So wird ein Ausgleichsangebot möglich.

- Finden Sie Zeiten für gemeinsame Meditation. Es ist sehr verbindend, miteinander zu praktizieren und sich gegenseitig in der Entwicklung zu unterstützen und zu fördern. Krisen lassen sich leichter überstehen und schöne Momente intensivieren.

Achtsamkeit und Meditation werden so zu einem kraftvollen Anker, der Sie stabilisiert, und zu einer Basis, auf der Sie immer wieder einen Weg zueinander finden können – was auch immer passiert.

Alleinsein

Es mag Zeiten geben, in denen wir willentlich oder unwillentlich alleine sind. Vielleicht haben wir das Alleinsein bewusst gewählt.

Vielleicht sind wir aber auch ohne unser Einverständnis verlassen worden. Wie auch immer. Der Zustand des Alleinseins ist ein natürlicher Zustand. Auch wenn der Mensch ein »Rudeltier« ist. Im Grunde sind wir immer alleine und waren es schon immer. Auch wenn uns Menschen, die wir lieben, die Hand halten, mit uns das Bett und das Leben teilen, trotzdem sind wir, wenn wir auf dem Zahnarztstuhl des Lebens sitzen, alleine. Sich mit dem Alleinsein anzufreunden hilft uns, nicht in Verzweiflung zu verfallen, wenn es Zeiten geben wird, die wir alleine durchzustehen haben.

Alleine sein ist nicht gleichzusetzen mit einsam sein. Es sind zwei grundverschiedene Daseinszustände. Wir können mit Menschen eng zusammenleben, ein großes Netz an Freunden haben und doch der einsamste Mensch auf der ganzen Erde sein.

Wodurch kommt dieses Gefühl der Einsamkeit? Es entsteht immer dann, wenn wir uns selbst verlassen. Wenn uns beispielsweise unser Partner verlässt oder uns unsere Freundinnen die Freundschaft aufkündigen, wir uns wertlos, hässlich und unnütz fühlen, dann gehen wir mit uns hart ins Gericht und bestätigen noch die

Entscheidung der Menschen, die sich von uns abwendeten. Denn so wertlos, wie wir uns fühlen, wollen auch wir nicht bei uns bleiben. Und so packen wir innerlich unsere Sachen und gehen. Das ist meist das wirklich Schmerzvolle an einer Trennung. Niemand kann uns mit schwerwiegenderen Folgen verlassen als wir uns selbst. Genauso wenig vermag jemand anders die Lücke zu füllen, die wir selbst in uns hinterlassen.

Achtsamkeit kann helfen, uns wieder mit uns selbst zu versöhnen und Freundschaft mit uns zu schließen. Wir können lernen, bei uns zu bleiben, gerade in Zeiten, in denen wir uns wirklich brauchen. Manchmal haben wir nur noch einen einzigen Menschen auf der Erde, und das sind wir selbst. Wenn wir uns dann verlassen würden, wären wir wirklich vollkommen verlassen.

Die Chance, die in einer Zeit des Alleinseins liegt, ist die Möglichkeit, sich selbst ganz genau kennenzulernen. Es ist eine Zeit, die sehr fruchtbar, sehr kreativ sein kann. Eine Zeit, in der Sie viel über sich selbst erfahren können. Sie sind gezwungen, sich ihren Eigenarten zu stellen, selbst Lösungen für die Probleme des Lebens zu finden und sich immer wieder auf sich selbst zu besinnen. Dadurch entwickeln Sie eine große Stärke. Es ist eine Zeit des inneren Retreats, der Klärung und Heilung. Es ist eine Zeit des Kraftschöpfens und der Regeneration. Ich habe immer wieder alleine auf mich selbst gestellt gelebt, ohne Partner und manchmal auch ohne das kuschelige und unterhaltsame Netzwerk von Freundinnen und Freunden. Es gab gute Zeiten voller Kreativität und mit dem Gefühl, eins zu sein mit der ganzen Welt, aber natürlich gab es auch schwere Zeiten, in denen ich mich sehr einsam gefühlt habe. Hilfreich war für mich zu erkennen, dass das kennzeichnende Merkmal der Einsamkeit meine fehlende Akzeptanz mir selbst und der Situation gegenüber war. Ich hatte mich verlassen, fühlte mich hässlich, dick, dumm, was auch immer. Alles sollte anders sein; ich sollte in meinen Augen anders sein. Doch sobald ich begann, mich wieder um mich selbst zu kümmern, es mir gemütlich machte, mich mit mir zum Joggen oder Spazierengehen verabredete und für mich selbst sorgte, wurde es besser. Im Grunde funktioniert Alleinsein genauso wie jede gute Beziehung oder Freundschaft, nur dass es beim Alleinsein darum geht, die gute Beziehung und eine stabile Freundschaft zu sich selbst zu pflegen.

Schwierige Lebenssituationen

Es gibt Situationen im Leben, in denen uns das Leben regelrecht den Boden unter den Füßen wegreißt. Wir fallen ins Bodenlose. All die Dinge und Mechanismen, mit denen wir uns bisher schützen oder Situationen manipulieren konnten, greifen nicht mehr. Vielleicht erleben wir einen Verlust. Ein geliebter Mensch verlässt uns oder stirbt sogar, und wir empfinden solch einen Schmerz, von dem wir uns nicht vorstellen können, er werde jemals vergehen. Vielleicht verlieren wir aber auch unsere Arbeit, leiden an einer schweren Krankheit oder erleben ein traumatisches Ereignis. Hier achtsam zu bleiben, also dabeizubleiben, wo wir in dieser Situation vielleicht am liebsten laut schreiend weglaufen oder uns betäuben würden, mag im ersten Moment sonderbar, wenn nicht gar unmöglich anmuten.

Achtsamkeit ist kein Allheilmittel, aber es ist eine Möglichkeit, einen Anker zu haben, wenn die See tobt. Es ist eine Möglichkeit, einer Verschlimmerung des Dramas entgegenzuwirken und so das Leid der Situation für uns und andere zu minimieren. Es gibt Situationen, in denen andere Menschen in unserem Umfeld keine Hilfe sein können oder uns im Stich lassen, wenn wir sie am meisten brauchen. Meist lassen auch wir uns selbst im Stich, indem wir uns mit Drogen oder Alkohol betäuben oder unser Leid durch ein Übermaß an Sex, Essen, Partys oder Arbeit zu kompensieren versuchen.

Achtsamkeit bedeutet, gerade in schwierigen Situationen bei uns zu bleiben, uns selbst die Hand zu halten. Wir sind auf uns und unsere Fähigkeiten angewiesen, zentriert zu bleiben und für uns angemessen sorgen zu können. So überstehen wir das Aufwachen am nächsten Morgen, wenn die Welle an Problemen und unangenehmen Gefühlen, die auch der Alkohol nicht brechen konnte, wieder über uns zusammenschlägt. Wir erhalten uns damit die Fähigkeit, weiterzuleben und unser Leben bewusst zu gestalten.

Achtsam zu sein bedeutet, Verantwortung für sich selbst zu übernehmen. Es ist so einfach, anderen die Schuld am eigenen Unglück zu geben. Doch nur, wenn ich selbst die Verantwortung dafür übernehme, wie ich mein Leben jetzt weiter gestalten möchte, habe ich tatsächlich die Möglichkeit, in meinem Leben etwas zu verändern, mich wirklich um mich zu kümmern und mein Leben so zu leben, wie es mir in meiner Lage, mit den mir zur Verfügung stehenden Ressourcen möglich ist.

In einer schwierigen Lebensphase achtsam zu sein, ist eine große Herausforderung und kommt dem Entspannen im freien Fall gleich. Und es fühlt sich auch genauso an. Achtsamkeit gibt dem Fallenden einen Fallschirm und nimmt so dem Moment die Schärfe. Dadurch wird unser Hirn wieder einsatzfähig, das vorher vielleicht in einer Schockstarre oder in Gedankenschleifen gefangen war.

Weglaufen, angreifen oder sich betäuben sind verständliche und manchmal auch durchaus sinnvolle Reaktionen, aber sie wirken nur für einen begrenzten Zeitraum. Irgendwann kommt der Moment, in dem wir zum Ausgangspunkt zurückkehren müssen und wieder mit der Situation konfrontiert werden. Interessant ist, was dann geschieht. Wir mögen es vielleicht als Ungerechtigkeit des Lebens empfinden, dass wir leiden, doch Leiden ist das, was wir daraus machen. Meist übersehen wir die eigentliche Chance, den eigentlichen Reichtum des Augenblicks, das Potenzial persönlichen Wachstums und tiefer Heilung, welches schwierigen Lebenssituationen innewohnt. Sie haben das bestimmt schon erlebt, dass Ihnen manche Zusammenhänge erst in der Retrospektive, vielleicht sogar erst nach vielen Jahren klar wurden. Die Wege, die sich aus Krisen ergeben, geben dem Leben oft eine neue, meist sogar sinnstiftendere Wendung. Begegnen wir Menschen, die uns weise erscheinen, stellt sich im Gespräch bald heraus, dass diese ihre Weisheit nicht auf der Uni gelernt haben, sondern durch das Meistern von Schwierigkeiten in ihrem Leben. Sie haben gelernt, sich den Problemen zu stellen, sich nicht mehr von ihnen beeindrucken zu lassen und aus ihnen zu lernen. Ein Sinnbild für diesen Prozess und die daraus erwachsende Geistesstärke ist der Lotos. Er steht für makellose und unbefleckbare Schönheit. Bevor der Lotos in seiner Schönheit erblühen kann, muss er sich jedoch erst durch tiefen Morast emporwinden, bis er an der Oberfläche des Wassers erblüht. Dank der besonderen Beschichtung seiner Blütenblätter perlt jeglicher Schmutz von ihm ab. Seine Wurzeln bleiben jedoch tief im nährenden Schlamm verankert. Würde man dem Lotos den Morast nehmen, wäre er seiner Existenzgrundlage beraubt. Moral der Geschichte: So, wie der Lotos den Schlamm braucht, brauchen wir den Schlamm des Lebens, um uns zu entwickeln und in voller geistiger Schönheit und unbefleckbarer Stabilität erblühen zu können.

Die Achtsamkeit gibt uns sehr praktische Methoden an die Hand, mit katastrophalen Situationen zu arbeiten und an ihnen zu wachsen, statt an ihnen zu zerbrechen. Es ist unsere Entscheidung, wie weit wir es zulassen, von den Ereignissen fortgerissen zu werden. Schlüsselbegriffe sind hier liebevolle Güte, Akzeptanz und Loslassen.

Was können Sie tun? Üben Sie beständig die Zentrierung Ihrer Aufmerksamkeit auf den Atem. Üben Sie damit im alltäglichen Leben: Üben Sie in Schrecksekunden, in schwierigen Momenten, in Momenten, in denen Sie sich aufregen, traurig, wütend oder verzweifelt sind. Atmen Sie, kommen Sie zurück zum Atem, immer und immer wieder. Bemerken Sie, wenn Sie sich in Gedanken verstricken, lösen Sie sich aktiv, distanzieren Sie sich und kommen Sie zurück zum Atem, zurück zu sich selbst. Geben Sie sich selbst immer wieder Raum. Raum für einen Moment Stille, einen Moment Innehalten, Raum zum Durchatmen. Geben Sie Ihrer Wahrnehmung Raum: Was fühlen Sie, was hören Sie, was riechen Sie, was sehen

Sie? So üben Sie bereits in kleinen, einfachen Situationen für wirkliche Herausforderungen. Wenn Sie gut geübt sind, werden Sie sich auch in schwierigen Momenten an den Atem erinnern; dies wird zu einem Automatismus, zu dem Sie einfach immer wieder zurückkehren können. Er ist vertraut, Sie kommen wieder zu sich, können sich Raum geben, können sich lösen – immer wieder. Das schafft Weite, und die Dinge können sich langsam beruhigen, so dass Sie wieder handlungsfähig werden oder zumindest der Situation die übermäßige Schärfe, das übermäßige Leiden genommen wird. Diese Fähigkeit, die wir durch Übung entwickeln und kultivieren können, wird uns sogar im Sterbeprozess von größtem Nutzen sein.

Wenn es konkrete Maßnahmen zu ergreifen gibt, um Situationen zu verändern, tun Sie es! Leiten Sie Entsprechendes in die Wege. Wenn es nichts zu tun gibt, praktizieren Sie bewusstes Nichtstun. Sie schützen sich so vor blindem Aktionismus, der die Situationen manchmal nur verschlimmert oder Sie viel Energie kosten kann. Energie, die Sie viel nötiger zur Regeneration oder konstruktiven Problemlösung bräuchten.

Die Achtsamkeit hilft Ihnen, in sich und damit im Leben zu ruhen, die Vergänglichkeit der Phänomene zu akzeptieren und aus der Leidspirale auszusteigen. Und wenn Sie nur noch einen Tag zu leben hätten, wäre dieser Tag es wert, von Ihnen in Achtsamkeit gelebt zu werden.

Wir sind nun am Ende dieses Buches angekommen. Ich hoffe, Sie konnten das eine oder andere Inspirierende für Ihr tägliches Leben und Ihre Meditations-Praxis für sich entdecken. Fühlen Sie sich bitte frei, nur das für sich zu übernehmen, was Sie inspiriert und für Sie als hilfreich in Ihrem Alltag erweist.

Von ganzem Herzen wünsche ich Ihnen viel Freude auf Ihrem Weg.

Ihre Maren Schneider

Maren Schneider

Entdecke den Buddha in dir!

Schwierige Situationen gelassen meistern

Vom achtsamen Umgang mit den alltäglichen Katastrophen

Private und berufliche Belastungssituationen kennt jeder. Würden Sie ihnen nicht auch lieber gelassen wie ein Buddha begegnen? Die bekannte Meditations- und Achtsamkeitstrainerin Maren Schneider zeigt, wie man mit buddhistischem Krisenmanagement auch in hektischen Zeiten einen kühlen Kopf bewahrt. Sie präsentiert einfache Strategien und praktische Anleitungen, um den Alltagsstress zu bewältigen und innere Ruhe zu finden.

O.W. BARTH